LES ALLEMANDS

LIGNES DE VIE D'UN PEUPLE

HD ateliers henry dougier © 2015.
73, rue de Paris – 92100 Boulogne-Billancourt

Coordination éditoriale : Anna Crine
Stratégie et développement : Gaëlle Bidan
Correction : Blandine Veith-Bourin
Réalisation de la maquette : Nord Compo

Dépôt légal : mai 2015
ISBN : 979-10-93594-48-4
Imprimé et broché en France par l'imprimerie Corlet.

LES ALLEMANDS

LIGNES DE VIE D'UN PEUPLE

Sébastien Vannier

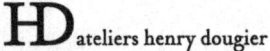

HD ateliers henry dougier

Remerciements

Je remercie en premier lieu mon éditeur Henry Dougier pour la confiance et la liberté qu'il m'a accordées pour l'écriture de cet ouvrage. Celui-ci n'aurait pas pu voir le jour sans le formidable soutien du Centre de recherche Marc Bloch, et plus particulièrement de Patrice Veit, Lucile Debras, Aurélie Denoyer ainsi qu'Etienne François. Le soutien des rédactions d'Ouest-France a également été très précieux. Enfin, pour leur relecture bienveillante et rigoureuse, un grand merci à mes parents, ainsi qu'à Cécile et Barbara.

Finalement, un très grand merci à tous ceux qui m'ont accompagné et aidé au cours de mes voyages à travers le pays : Ann-Dorit, Benjamin, Julien, Kristina, Madeleine. Pour leurs idées et leur patience, merci à Dorothee, Karin, Julia, Lino, Linus, Tobias et Ksenia.

Les ateliers henry dougier, notre philosophie d'action

Nous voulons être aujourd'hui – comme hier, en 1975, quand nous avons créé Autrement et ses 30 collections – des passeurs d'idées et d'émotions, des créateurs de concepts et d'« outils » incitant au rêve et à l'action. L'un et l'autre, inséparables !

Notre ambition : raconter avec lucidité, simplicité et tendresse, la beauté et les fureurs du monde. Tout ce qui est susceptible de nous réveiller, de briser la glace en nous, de réenchanter nos vies.

Chaque titre de cette collection est également disponible en **e-book**.

Pour en savoir plus sur les ateliers HD, ses publications, et découvrir nos bonus numériques, retrouvez-nous sur notre site Internet :
www.ateliershenrydougier.com

Suivez nos auteurs et soyez informé de nos prochaines rencontres sur notre page **Facebook**.

SOMMAIRE

CHAPITRE III

L'ÉCONOMIE OÙ TOUT ROULE (OU PRESQUE)

CHAPITRE IV

LA CULTURE À LA RELANCE

CHAPITRE V

LES DÉFIS DE L'AVENIR ALLEMAND

POSTFACE

ANNEXES

DÉCLARATION D'INTENTION

Je fêtais mon trentième anniversaire ce jour où les Allemands prouvaient, en remportant une quatrième Coupe du monde de football, qu'à la fin, effectivement, ce sont toujours eux qui gagnent. Opportuniste, je remerciais ce soir-là la foule anonyme pour ces concerts de klaxons et ces feux d'artifice dans les rues de Berlin qui, sans aucune ambiguïté possible, m'étaient forcément aussi destinés. Trente ans. Dont les dix derniers passés en Allemagne, où j'ai pu voir la société allemande de plus en plus fière de porter ses couleurs *schwarz-rot-gold*. Mon passage de la Bavière profonde, bucolique et prospère, à la symphonie, bruyante et enivrante, de Berlin m'a déjà donné un bref aperçu de la diversité de cette société allemande, qui nous paraît si loin, si proche, pour reprendre le titre du film du réalisateur Wim Wenders.

Dix ans donc pendant lesquels j'ai appris à aimer ce pays, au milieu des Allemands, mais également au milieu de tous ceux, venus d'ailleurs, qui en font la richesse et la vitalité. En tant que correspondant de presse à Berlin, j'ai toujours l'objectif d'analyser, de décortiquer pour le public français cette société allemande si fascinante. Une mission passionnante pour en comprendre la diversité, la complexité et la modernité et, ainsi, également en apprendre plus sur nous-mêmes.

Ce livre poursuit ainsi un double objectif qui me tient à cœur : non seulement prendre systématiquement le contre-pied des clichés qui peuvent exister sur l'Allemagne, mais aussi se projeter vers l'avenir en cherchant partout dans le pays les débats, les projets, les chantiers qui animeront l'Allemagne ces prochaines années.

Sébastien Vannier

INTRODUCTION

De l'Allemagne, notre si proche voisine, nous croyons tout connaître : son passé qui a ravagé l'histoire européenne, son fameux « modèle » économique instrumentalisé à tout va, ses discothèques berlinoises attirant la bohème du monde entier, et même ses haletants feuilletons policiers. Mais ces sujets récurrents sont loin de couvrir la richesse et la diversité de ce pays qui fascine tout autant qu'il crée des convoitises. Cet ouvrage évitera donc soigneusement de consacrer des chapitres à la bière, au football, aux grosses voitures et aux meilleures recettes pour faire une bonne *Kartoffelsalat*.

De Dresde à Dortmund, de Kiel à Künzelsau, le but de ce livre est plutôt d'explorer au mieux l'ensemble du territoire allemand pour montrer dans un premier temps la diversité, y compris les zones d'ombre, de cette société. Un tour d'Allemagne utile pour souligner la richesse de ses puissantes régions, mais également le développement de ses métropoles, à l'exemple de Cologne, Francfort, Hambourg ou encore Leipzig. Cette vitalité urbaine est l'un des symboles d'une économie qui pourrait donner l'image d'un fonctionnement quasi parfait, mais qui laisse aussi de nombreux Allemands sur le bord de la route. Même constat d'un grand écart dans le secteur culturel entre, par exemple, la relance de l'industrie cinématographique à Berlin et les nombreuses difficultés de financement pour les projets culturels sur le reste du territoire.

Vingt fenêtres ouvertes sur la société allemande, sous forme de reportages pour coller au plus près de la réalité de ses habitants et d'entretiens avec des personnalités qui font la société allemande d'aujourd'hui et de demain, tels que le journaliste

d'investigation Günter Wallraff, l'ancienne chef de l'Église protestante Margot Käßmann, l'actrice Martina Gedeck, ou encore
l'éminent climatologue Ottmar Edenhofer. Locomotive actuelle
de l'Europe, l'Allemagne sait en effet que les défis futurs, qu'ils
soient politiques, énergétiques ou démographiques, ne manquent
pas et qu'elle n'aura d'autre choix que d'assumer les responsabilités qui vont de pair avec cette vitalité retrouvée. ■

CHAPITRE I

NE SOCIÉTÉ
AUX MULTIPLES FACETTES

LES MILLE VISAGES DE L'ALLEMAGNE

Dans la bibliothèque de son arrière-cour d'un quartier populaire de Cologne, **Günter Wallraff** expose les livres de ses proches : Heinrich Böll, dont il a épousé la nièce, ou Salman Rushdie, qu'il a lui-même caché pendant son exil. Tout en haut des étagères, au milieu de sa grande collection de minéraux, se trouvent de nombreuses traductions de son livre *Ganz unten*, dont celle en français, *Tête de turc*.

C'est avec cette enquête publiée en 1983 que le journaliste d'investigation Günter Wallraff s'est fait connaître du monde entier. Endossant lui-même l'identité d'Ali, un travailleur immigré turc pendant plusieurs mois, il avait ainsi révélé les déplorables conditions de travail de ses camarades. Celui qui est devenu le poil-à-gratter de la nation allemande a chaussé mille identités : militant contre la dictature militaire grecque dans les années 1970, dénonçant le puissant groupe de presse *Springer* en se faisant engager par le célèbre quotidien *Bildzeitung*, pointant du doigt le racisme latent dans son pays en se grimant dans le reportage *Noir sur blanc*.

Plus récemment, il s'est tourné vers la télévision : avec son émission *Team Wallraff*, il accompagne de jeunes journalistes qui infiltrent de nouveaux milieux en suivant sa méthode. Cette dernière est controversée, tout autant que le personnage, et nombreux sont ceux qui ont voulu intenter un procès au célèbre journaliste. Toujours actif, toujours agile à 72 ans, courant pour passer de sa maison à sa bibliothèque, répondant sans cesse au téléphone, Günter Wallraff ne veut, ne peut pas s'empêcher de venir en aide aux victimes de notre société moderne.

Peut-on définir la méthode Wallraff ? Est-ce une forme particulière du journalisme d'investigation ?

Je dirais que c'est un peu plus. En Suède et en Norvège, il existe désormais le verbe « *wallraffa* ». Ce terme signifie mettre en lumière un pan de la société. Je reçois donc régulièrement des rapports de journalistes qui ont « *wallraffé* » en Scandinavie, même si certains ne savent certainement pas que c'est moi qui ai donné ce nom. Cette méthode d'observation participante est désormais acceptée par le monde académique. À l'époque où j'ai commencé, c'était mal vu, voire criminalisé.

Parce que cette observation est cachée ?

Elle se fait sous une autre identité, afin d'être au plus près de son sujet, ce qui rend l'observation plus authentique. Aujourd'hui, je ne travaille plus seul, mais avec une équipe, car il y a des milieux où je n'ai plus accès. Ce sont donc de jeunes journalistes que je conseille, mais j'ai également mes propres enquêtes. C'est cela ma chance aujourd'hui : je fais ce que je veux, je n'ai aucune obligation.

Pourquoi vous être décidé pour cette méthode risquée ?

C'est difficile, c'est vrai, et le risque de procès est omniprésent. Pour moi, cela va au-delà du journalisme, c'est un besoin existentiel, c'est un mode de vie. Cela a peut-être à voir avec ma personnalité. J'ai toujours été un mauvais élève dans les matières abstraites, il faut que je vive quelque chose pour l'apprendre. De cette lacune est née ma productivité. On peut voir cela aussi comme un jeu et, parfois, c'est ma propre vie qui est en jeu, comme cela a pu être le cas en Grèce, ou dans les mines. Il y a des situations où je me dis : est-ce vraiment la peine d'endurer tout cela ? Mais d'un autre côté, quand on est dans un rôle, cela demande du temps pour intégrer le personnage. Puis on commence à rêver dans sa nouvelle identité, et là, on a atteint son objectif. Se dire à ce moment-là : je vais jusqu'à cette limite, et pas plus loin, ce serait lâche. C'est un risque qu'il faut savoir prendre.

Après toutes vos enquêtes en Allemagne, est-il compliqué de toujours passer incognito ?
C'est beaucoup plus simple qu'on pourrait le croire. L'uniforme dévore la personnalité. Quand vous voyez un uniforme, par exemple lorsque j'étais livreur de paquets, vous ne regardez pas le visage, vous regardez le crayon. De plus, je n'ai pas une stature que l'on remarque forcément, cela permet de me faire oublier.

Vous voulez mettre en lumière les problèmes de notre société, n'est-ce pas pesant de s'attaquer toujours à ses côtés les plus sombres ?
Il n'y a pas de société qui soit aboutie. Si une société dit : nous sommes les meilleurs du monde, alors elle stagne déjà, et même elle recule. Quand tout le monde est du même avis, j'ai générale-ment envie de prendre une position contraire. Cette dialectique est nécessaire pour se rapprocher de la vérité. Je reçois sans cesse des appels à l'aide, des présentations détaillées de violations du droit du travail, des Droits de l'homme. Ces demandes sont si incessantes que je ne peux plus en dormir la nuit. Je me réveille pour prendre des notes et, parfois, je peux apporter mon aide.

On vous a attribué l'étiquette d'avocat des simples gens. Comment définissez-vous ce rôle et comment se fait-il que d'autres institutions ne puissent pas prendre en charge ces dossiers ?
J'oriente toujours vers les syndicats, mais il y a beaucoup d'em-ployés qui ne sont pas syndiqués, qui plus est lorsqu'ils ont un

contrat précaire. Et les syndicats eux-mêmes sont débordés. Il y a des gens qui ne trouvent pas de solution, ils se tournent vers moi quand ils ont épuisé toutes les pistes. Cette aide, de personne à personne, fait cruellement défaut à notre société. Tout est standardisé. Nous avons une société administrative et bureaucratique. Seuls les très bons – et très chers – avocats peuvent alors s'en sortir.

Vous évoquez le monde du travail en Allemagne, un de vos sujets de prédilection. Quel jugement portez-vous sur son évolution actuelle ?

Nous avons une couche de la société qui s'appauvrit de manière extrême. 80 % de la population possède moins que les 10 % les plus riches. Dans les années 1990, il y avait encore une sorte d'équilibre social, nous étions plus proches des pays scandinaves. Aujourd'hui, nous nous dirigeons rapidement vers une répartition en une société de castes, où les trois A sont les parias de la société : *Armen, Arbeitslosen, Alleinerziehende* (pauvres, chômeurs, parents célibataires). L'éducation dépend du porte-monnaie des parents. L'accès à cette société devient réglementé. Sur plusieurs plans, nous avons une société bloquée et fermée.

C'est loin de l'image que l'on pourrait avoir de l'Allemagne à l'étranger, voire même en interne.

L'Allemagne a toujours eu une très bonne propagande. L'Allemagne sait très bien se vendre. Sur ce point, nous sommes vraiment champions du monde. Nous sommes ceux qui travaillons le plus, nous sommes les meilleurs. Cette image a su se vendre. Ce qui est oublié, c'est que nous avons dû sacrifier une partie de notre qualité de vie par rapport à d'autres pays. On le voit avec la démographie. Lorsqu'on exerce certains métiers, on ne peut plus se permettre d'avoir d'enfants. C'est la sociabilité du pays qui est en danger, nous sommes rabougris, il n'y a plus cet art de vivre que nous aimerions tant avoir. Le constat porte aussi sur une accélération de la société : il faut que tout soit plus rapide, moins cher, comme le montrent les phénomènes Amazon ou Zalando. Les centres-villes se meurent. Tous, et surtout les jeunes, souffrent de cette accélération dont ils sont eux-mêmes acteurs. Il existe cependant un contre-mouvement, des résistants, plus conscients des questions d'environnement, de leur responsabilité écologique.

Durant vos différentes enquêtes, vous vous êtes aussi attaqué aux questions de discrimination, est-ce encore présent dans la société allemande ?
La discrimination est ancrée dans notre quotidien envers les gens d'une autre couleur, d'une autre origine. J'ai notamment pu rassembler de nombreux témoignages dans mon enquête *Noir sur blanc*. Une personne noire ne va pas entendre une remarque raciste chaque jour, chaque semaine ou même chaque mois. Mais elle va le ressentir : elle ne va obtenir ni l'appartement ni l'emploi souhaité. On ne lui dit pas en face que c'est parce qu'elle est noire. Du coup, elle commence à se poser des questions. À quoi cela tient-il ? Peut-être à sa personnalité ? Et c'est ainsi qu'elle va perdre l'estime de soi.

Pour résumer, quelle image avez-vous de la société allemande à l'heure actuelle ?
Il faut d'abord oublier les clichés sur l'Allemagne. L'Allemagne est diverse, l'Allemagne a changé sur de nombreux points. La majorité de la population est pacifiste et peut-être ai-je apporté ma contribution à ce point, tout comme Heinrich Böll et

d'autres. Nous avons de nombreuses personnes qui développent une conscience écologiste. Donc la société s'est largement améliorée. Cependant, il reste que, lorsqu'un individu est pris pour cible, comme cela a pu être le cas lors de la démission de l'ex-président de la République Christian Wulff, tout le monde réclame qu'il soit mis au ban de la société. Un avis général voit rapidement le jour. C'est ce qu'il me manque en Allemagne : des esprits libres, des avis contraires.

N'y a-t-il pas de rebelles en Allemagne ? N'en êtes-vous pas un ?

Oh, il faudrait les chercher longtemps. Il y en a, mais ils sont dispersés. Il y a beaucoup de rebelles inconnus que l'on retrouve dans les organisations écologistes par exemple. Quant à moi, j'ai été dans ma jeunesse un grand admirateur de Rimbaud. Ce sont les Français qui m'ont inspiré : Baudelaire, Verlaine, Lautréamont. Aujourd'hui, je suis plutôt quelqu'un qui dérange, qui veut aller à contre-courant. Je veux aller contre ce type de « suiveur », celui qui se range à l'avis unitaire sans faire appel à son propre ressenti. Quand un avis général apparaît, je veux regarder l'avis contraire. ∎

LES RUSSES-ALLEMANDS, LE LONG CHEMIN DU RETOUR

Les Russes-Allemands sont actuellement près de 2,5 millions sur le territoire allemand. Ils sont les héritiers d'un destin aussi long que sinueux qui les amène aujourd'hui à la recherche de leur propre identité au sein de la société allemande. Une histoire européenne entre Ouest et Est.

« Au Kazakhstan, nous étions les Allemands. Quand nous sommes arrivés en Allemagne, on nous a tout de suite dit que nous étions des Russes. Mais ce n'est pas si grave. On ne peut pas exiger de la société qu'elle sache tout de suite qui tu es, d'où tu viens. Dans un premier temps, tu es étranger. »

Walter Gauks, qui dirige aujourd'hui l'association Lyra qui met en place un panel d'activités par et pour les Russes-Allemands, résume en ces quelques mots le sentiment de beaucoup de « Russes-Allemands » ou « Allemands de Russie » *(Russlanddeutsche)*. Cette terminologie témoigne déjà du dilemme identitaire de ce groupe au destin peu connu en dehors des frontières de l'Allemagne. Pourtant les Russes-Allemands sont plus de deux millions outre-Rhin. Leur histoire est intimement liée à celle des relations entre l'Allemagne et la Russie, à celle de l'Europe tout simplement.

Cette histoire commence au milieu du XVIIIe siècle. Une époque où l'unité territoriale fait encore défaut à ce qui deviendra l'Allemagne. Du côté russe, la tsarine Catherine II cherche à promouvoir de larges espaces inhabités dont les terres pourraient pourtant être propices à l'agriculture. Elle promet donc aux paysans étrangers des conditions privilégiées d'installation. Dès 1767, près de 25 000 Allemands s'établissent ainsi sur les bords de la Volga où ils jouissent d'un statut privilégié. Ils seront deux fois plus nombreux 50 ans plus tard. Dans les années 1860, ils sont déjà 900 000 sur tout le territoire russe, notamment près de la mer Noire et dans les régions situées aujourd'hui en Ukraine.

L'ÉCLATEMENT DE L'URSS SONNE L'HEURE DU RETOUR

Mais ces Allemands installés en Russie subissent les aléas de la sombre histoire du xxe siècle. Avec la Grande Guerre et surtout la Seconde Guerre mondiale, leur situation se détériore profondément malgré la création notamment d'une République socialiste soviétique autonome des Allemands de la Volga dans l'entre-deux-guerres. L'entrée en guerre du régime allemand contre l'URSS inaugure en 1941 une immense vague de déportation pour les Allemands vivant en Russie. Sont d'abord concernés les Allemands de la Volga puis ceux des grandes villes de Moscou et de l'ancienne Saint-Pétersbourg, Leningrad. Près de 900 000 personnes sont ainsi déportées vers les territoires kazakhs ou la Sibérie. Leurs conditions de vie après la guerre restent extrêmement difficiles et les possibilités de sortir du territoire demeurent limitées.

Avec la chute de l'URSS et l'ouverture des frontières, les vannes s'ouvrent en grand pour les Russes-Allemands, qui migrent en masse vers l'Allemagne au début des années 1990. Le droit allemand de la nationalité offre un droit de retour à ces Russes-Allemands qui profitent du droit du sang pour être « rapatriés ». Entre 1990 et 2000, ils sont plus de 100 000 par an à rejoindre le pays de leurs ancêtres. En tout, près de 2,5 millions de Russes-Allemands arrivent en une quinzaine d'années. Au point que l'Allemagne doit mettre en place un système de répartition géographique au sein des différents *Länder*.

Walter Gauks est l'un d'entre eux. Devant un groupe de jeunes qui souhaitent également s'engager dans le monde associatif pour aider les Russes-Allemands, il raconte sa propre histoire : « Je suis arrivé dans la ville de Bernburg, près de Magdebourg, à l'est, en 1996, en provenance du Kazakhstan.

J'étais l'aîné de la famille avec deux frères. Nous avons eu ensuite une petite sœur née en Allemagne. Après l'éclatement de l'URSS, de nombreux Russes-Allemands se trouvaient dans des territoires à la périphérie, notamment au Kazakhstan. Pour les Russes et pour les Russes-Allemands, la situation sur place s'est rapidement dégradée. Il était difficile de trouver un emploi. Quand on nous a dit, en 1991, que nous pouvions aller en Allemagne, beaucoup ont pensé que c'était une chance avec plus de perspectives pour les enfants. Les attentes étaient grandes en arrivant à Bernburg. »

UNE INTÉGRATION LONGUE À METTRE EN PLACE

« Nous n'étions jamais allés en Allemagne, mais nous y avions de la famille. Ma grand-mère pouvait parler allemand, mon père seulement un petit peu. Toute ma famille est venue en Allemagne, en tout 50 à 60 personnes peut-être. La langue a été évidemment un problème pour s'intégrer. Tout n'a pas été rose à notre arrivée et nous n'avons pas été acceptés tout de suite par la société. J'étais en 9e classe au Kazakhstan (ndla : en troisième) et je me suis retrouvé en 8e classe (ndla : en quatrième). J'ai appris l'allemand très vite. Bien obligé. J'ai eu la chance que beaucoup de professeurs parlent le russe, il ne faut pas oublier que nous sommes arrivés en ex-Allemagne de l'Est. Pour mes parents, cela a été plus difficile d'apprendre la langue, ils ont eu besoin de plus de temps. »

Le flux migratoire des Russes-Allemands s'est aujourd'hui amenuisé. Tout d'abord parce que nombre de ceux qui voulaient quitter la Russie ont déjà effectué le voyage, et surtout parce que les règles du retour ont été durcies au milieu des années 2000, concernant notamment le regroupement familial. En 2012, ils étaient moins de 2 000 à avoir fait le trajet vers l'Allemagne.

Compte tenu de leur nationalité allemande, leur présence est difficile à quantifier et leur intégration presque impossible à mesurer. Leur connaissance relative de la culture allemande et de la langue de Goethe, tout comme leur accès spécifique à la nationalité, en font un groupe à part quand il est question en Allemagne de l'intégration des populations venues de l'étranger. Les problèmes de chômage et de criminalité chez les jeunes, même s'ils restent présents, se sont également estompés ces dernières années. Les Russes-Allemands sont même fiers d'avoir pu fournir quelques stars au pays, comme la chanteuse Helene Fischer, la vedette du *Schlager* (chanson populaire) qui fait chavirer le cœur de toutes les générations.

Dans le domaine politique, cependant, les Russes-Allemands se caractérisent par une vive méfiance vis-à-vis des institutions du pays, héritage des traumatismes de l'histoire difficile de ce peuple. Alors que les Russes-Allemands constituent depuis les années 1990 une part non négligeable de l'électorat potentiel, il aura fallu attendre 2013 pour voir le premier Russe-Allemand élu au Bundestag (la chambre basse du Parlement allemand), Heinrich Zertik.

Député de la circonscription de Lippe, en Rhénanie du Nord-Westphalie, où vit une importante communauté de Russes-Allemands, **Heinrich Zertik** est lui-même arrivé en 1989. Son dialecte régional rappelle que la langue allemande a suivi un destin bien particulier chez les Russes-Allemands. Siégeant aujourd'hui au Bundestag dans les rangs des chrétiens-démocrates, il continue de s'engager pour les Russes-Allemands.

Avez-vous toujours eu le souhait de revenir en Allemagne ?
Mon arrière-grand-mère nous a toujours dit : « Un jour, nous reviendrons en Allemagne. Si, moi, je ne vis pas ce moment, vous, vous le vivrez. » C'est pourquoi nous ne devions pas oublier la culture et la langue allemandes. La période après la guerre a été très compliquée. Pour moi et ma famille, je me suis dit que, le moment venu, nous retournerions en Allemagne. Je n'aime pas utiliser le terme d'intégration pour décrire l'arrivée des Russes-Allemands en Allemagne. Je préfère dire que nous sommes arrivés. Nous n'avions pas peur, nous nous sommes renseignés pour savoir comment faire les inscriptions à l'école, comment le système politique était organisé et je me suis rapidement engagé. Quand on vit dans un pays, on doit participer activement à la société et à la politique sur place.

Beaucoup de Russes-Allemands ont eu des difficultés pour retrouver en Allemagne une situation professionnelle équivalente à celle qu'ils avaient en URSS. Comment vivre cette situation difficile personnellement ?
Cela dépend des personnes. Nous nous sommes préparés au fait qu'il faudrait s'adapter sur place. Ma femme était directrice adjointe d'une école, enseignait la chimie et la biologie. Nous savions que cela ne pourrait pas continuer. Elle a dû refaire une formation, travailler comme assistante de bureau. Ma grand-mère a aussi demandé à tout le monde s'il y avait un boulot pour moi, en disant que je pourrais même être éboueur. Si elle me voyait, assis ici aujourd'hui !

Votre position de premier député russe-allemand vous octroie une situation de représentant politique de ce

groupe important. Quels sont les souhaits politiques des Russes-Allemands ?

Nous ne souhaitons pas de traitement de faveur. Nous nous adaptons aux lois du pays. Mais il y a des demandes concrètes sur la reconnaissance des diplômes et sur la question des retraites. Beaucoup craignent que leurs retraites soient extrêmement réduites par manque de cohérence entre les deux systèmes.

Il n'y a désormais quasiment plus de Russes-Allemands qui arrivent de Russie, et ceux qui sont en Allemagne vont peu à peu, au fil des générations, perdre cette étiquette de Russes-Allemands. Ce groupe est-il amené à disparaître ?

Nous essayons, à travers différentes activités, de présenter la culture des Russes-Allemands. Il est possible qu'en 2050 le terme de Russes-Allemands n'existe plus. Mais notre histoire, avec ses bons et ses mauvais côtés, fait partie de l'histoire allemande. Les prochaines générations devront se souvenir que des Allemands sont ainsi allés s'installer en Russie et en sont revenus. C'est aussi l'histoire de notre pays, l'identité de notre pays. ■

IL ÉTAIT UNE FOI

Il fut une époque pas si lointaine où Angela Merkel n'était pas la seule femme protestante à tenir les rênes du pouvoir en Allemagne. L'élection de **Margot Käßmann**, alors évêque d'Hanovre, à la tête de l'Église protestante en 2009 a évidemment été un événement pour l'ensemble du pays où les deux grandes communautés chrétiennes réunissent, chacune, 24 millions de fidèles.

Cette première à la tête de l'Église protestante ne sera que de courte durée. Suite à une infraction au code de la route en 2010, elle prend la responsabilité de démissionner pour ne pas mettre en danger la crédibilité de sa fonction. Cette mère de quatre enfants continue cependant de rester une figure morale incontournable de la scène publique allemande et n'a pas sa langue dans sa poche, que ce soit lors de ses apparitions télévisées ou à travers ses livres, véritables succès de librairie. Elle est désormais l'ambassadrice des festivités prévues en 2017 dans le cadre des 500 ans du début de la Réforme.

Cette date anniversaire de la Réforme sera l'occasion d'analyser l'héritage de Luther. Par quels canaux a-t-il influencé l'identité allemande ?

Tout d'abord par le langage. Sa traduction de la Bible a beaucoup influencé l'allemand et fait d'elle une langue pour tous. Il a également eu une très grande influence sur l'éducation en souhaitant que chaque garçon et chaque fille puissent apprendre à lire et à écrire.

Aujourd'hui, nous voyons aussi des facettes plus négatives de Luther, notamment son antijudaïsme. Il y a débat entre les historiens pour savoir dans quelle mesure ce point de vue a eu une influence sur l'histoire allemande jusqu'au national-socialisme. Luther n'est plus le héros de l'Allemagne comme cela avait pu l'être encore lors des commémorations de 1817 ou de 1917, dans des contextes où son image avait servi à renforcer l'identification à l'Allemagne.

Que dirait Luther de l'Allemagne et de « son » Église aujourd'hui ?

Il serait en colère. Contre le fait que les églises sont trop vides, contre le manque de conscience religieuse au quotidien. Mais il devrait également apprendre que l'Église qui porte son nom est basée sur la démocratie. Il n'y a pas une personne qui dirige tout. Luther devrait aussi s'habituer à l'œcuménisme. Même si nous avons des différences avec l'Église catholique, nous ne nous insultons plus comme du temps de Luther. Il y a un respect mutuel entre nos deux Églises. Nous voyons même une force créatrice dans nos différences.

Votre nomination à la tête du Conseil de l'Église protestante a-t-elle été un signe de la modernisation de cette institution mais aussi de la société allemande en général ?
Cela a pu montrer que l'Église protestante est aussi représentée par des femmes. J'aurais souhaité être celle qui accueille le pape lors de sa venue en Allemagne en 2011. Cela aurait été un symbole fort de la situation de notre Église : il y a des mariés, des divorcés, des homosexuels. L'Église protestante vit de cette diversité. C'est peut-être plus difficile à transmettre comme message dans les médias qu'un seul pape, évidemment plus marquant.

L'Allemagne a beaucoup changé sur la question des femmes. Mais le problème qui demeure, à la différence de la France, c'est la question de la combinaison vie de mère et vie professionnelle. En Allemagne, traditionnellement, la mère doit rester à la maison. Celle qui envoie son enfant d'un an à la crèche continue à être mal vue. Quand je suis devenue évêque, il n'a été question que de ça : comment peut-elle devenir évêque avec quatre enfants ?

Le président de la République Joachim Gauck est un ancien pasteur, Angela Merkel elle-même est fille de

pasteur, et les exemples sont nombreux de personnalités politiques fortement influencées par le protestantisme.
Actuellement, tous les membres du gouvernement sont membres de l'Église catholique ou protestante et se présentent également comme tels. En ce qui concerne Joachim Gauck et Angela Merkel, il faut interpréter cela au prisme de leur passé en RDA. Les Églises y offraient un lieu de discussion, de pensée libre. Après la chute du Mur, toute une génération de pasteurs est entrée en politique. L'Église a fortement influencé cette génération qui s'est engagée politiquement à la chute du Mur.

Comment avez-vous réagi à l'arrivée du pape François qui a succédé au « pape allemand », Joseph Ratzinger ?
Concernant la relation de l'Église catholique avec les protestants, pour l'instant, je ne vois pas de changement. Mais il est certain qu'il a un don pour trouver des symboles percutants dans un monde dominé par les médias. Faire son premier voyage officiel à Lampedusa et bénir les réfugiés, c'est très fort.

En ce qui concerne la cohabitation des différentes religions en Allemagne, l'ancien président de la République Christian Wulff avait affirmé : « L'Islam fait partie de l'Allemagne. » Une affirmation qui avait fait grand bruit.
Christian Wulff a été critiqué pour cette déclaration. Est-ce l'Islam ou plutôt les musulmans qui font partie de l'Allemagne ? J'estime qu'à partir du moment où plus de 4 millions de personnes en Allemagne se réclament de l'Islam, l'Islam fait partie de la réalité allemande. Beaucoup de musulmans ont été rassurés par cette déclaration.

Sur ce sujet, nous avons une situation différente de celle de la France. Les populations musulmanes ne sont arrivées en masse qu'avec les travailleurs immigrés après la guerre. Nous sommes donc très en retard dans le dialogue avec les musulmans. L'Église protestante s'est toujours positionnée pour que les musulmans puissent pratiquer leur culte, et donc pour que des mosquées soient construites ou pour qu'il y ait des cours de religion sur l'Islam dans les écoles.

Quelle vision avez-vous de la place du judaïsme aujourd'hui en Allemagne ?

J'ai participé il y a peu à l'ouverture à Potsdam d'une chaire de théologie juive. C'est la preuve d'un dialogue « à niveau égal ». On ne peut que se réjouir de la normalisation de la pratique du judaïsme à Berlin. Même si le chemin vers cette « normalité » risque d'être long quand on constate avec dépit que les établissements juifs doivent toujours être sous protection policière.

Retraits officiels de l'Église, fréquentation en baisse des services religieux, l'Allemagne est également touchée de plein fouet par la sécularisation de sa société.

Cette sécularisation est surtout perceptible dans le fait que les gens n'appliquent plus les rites religieux dans leur quotidien. Pour ma mère, un dimanche sans service religieux est inconcevable. Beaucoup de gens viennent par exemple pour Noël ou pour Pâques, mais il y a de nombreux exemples où on oublie la signification des faits religieux : quels sont les rites lors d'un enterrement par exemple ? Que devient une société qui n'a plus de textes en commun ? J'ai dirigé à Hanovre la cérémonie d'enterrement de Robert Enke, le gardien de but de l'équipe allemande de football. Il y avait là 8 000 supporters de foot. Certes, ils connaissaient encore le « Notre Père », mais il n'y avait pas d'autres chants que nous puissions chanter en commun. Notre génération connaissait certains chants par cœur. Cela est nécessaire dans des situations difficiles, où on a besoin de mots qui nous dépassent.

Est-ce une question de génération ?

Ceux qui ont 30-40 ans sont dans leur *« rush hour »*. Ils doivent produire, produire, produire. S'occuper des enfants, mais aussi des plus âgés. Et donc le dimanche, je comprends qu'ils souhaitent souffler. Mais l'idéal serait de changer de perspective et se dire que, justement, le culte pourrait être l'occasion de se ressourcer. Vis-à-vis des jeunes enfants, je trouve qu'il est également important d'avoir des chants à leur apprendre, y compris des chants religieux, à leur réciter. Mais il y a malheureusement une césure dans les traditions.

Quelles solutions à ce phénomène l'Église protestante envisage-t-elle ?

Cela passe par l'éducation. Nous avons beaucoup de crèches protestantes. Dans la région de Hanovre, par exemple, nous avions 44 000 places de crèches, cela représente plus d'un demi-million pour l'Allemagne. Les enfants aiment les histoires, les chants, les prières. Nous avons également beaucoup d'écoles protestantes qui se sont nouvellement créées, notamment en Allemagne de l'Est. Les parents s'inscrivent massivement, car ils continuent à vouloir transmettre des valeurs.

L'Église doit-elle également jouer un rôle politique ?

Oui, même s'il ne s'agit pas de prendre position pour un parti ou un autre. Prenons le sujet de l'armement par exemple. Lors des deux guerres mondiales, les Églises n'ont pas vraiment été celles qui ont stoppé ces conflits. Les Écritures nous enseignent le pacifisme, donc nous avons aussi un rôle à jouer et nous ne devons pas ignorer la réalité de l'actualité. Ce débat n'appartient pas à la sphère privée, mais à la sphère publique.

Si vous pouviez prendre quelques mesures politiques, lesquelles prendriez-vous ?

L'Église est par exemple très concernée par les questions de pauvreté, et nous sommes confrontés à ce problème dans nos différentes institutions. Un enfant sur six vit sous le seuil de pauvreté. L'Église doit s'engager non seulement sur le terrain mais aussi au niveau politique. Les représentants de l'Église protestante doivent prendre position sur la situation sociale en Allemagne. Si nous sommes effectivement 50 millions de chrétiens en Allemagne, il faudra bien qu'on nous écoute.

La question des réfugiés ou encore celle de l'euthanasie représentent également des enjeux fondamentaux. Il faut repenser l'accompagnement de la fin de vie, malgré le coût, en argent et en énergie, que cela représente pour les proches. Mais il faut y voir un appel à plus d'humanité contre une société qui veut tout mécaniser. ■

31

BERLIN AU FÉMININ PLURI-ELLES

Si Berlin attire autant la jeunesse européenne, c'est entre autres pour sa tolérance historique vis-à-vis de la communauté homosexuelle. Le magazine local le plus lu de la métropole n'est autre que *Siegessäule* (ce nom fait référence au monument commémoratif berlinois de la colonne de la Victoire), consacré à la vie homosexuelle berlinoise. À la tête du magazine, **Manuela Kay**, symbole de la communauté lesbienne allemande, qui a également lancé la revue *L-Mag*.

Voir les locaux de « Special Medias SDL » installés dans le quartier berlinois de Kreuzberg ne constitue pas vraiment une surprise. Ce quartier est célèbre pour accueillir les différents mouvements alternatifs, comme c'est le cas de Schöneberg, plus à l'ouest, qui réunit plusieurs bars et clubs gays et lesbiens. Berlin se targue même d'avoir accueilli la première association homosexuelle du monde à la fin du XIXe siècle. Bien avant donc que Klaus Wowereit, l'emblématique maire de Berlin, qui a dirigé la ville de 2005 à 2014, ne fasse son coming out. Bien avant aussi que le magazine pour la communauté homosexuelle *Siegessäule* ne s'installe durablement dans le paysage berlinois avec un tirage mensuel de 60 000 exemplaires – distribués gratuitement.

Lors de la guerre froide, le quartier de Kreuzberg s'est retrouvé au pied du Mur, certes à Berlin-Ouest mais coupé du reste du pays. Un phénomène géopolitique bien particulier qui a permis le développement d'une scène alternative, punk mais aussi homosexuelle, qui a marqué l'histoire de la ville et du pays. C'est l'époque où Manuela Kay a vu le jour. « Être jeune dans les années 1980 à Berlin-Ouest, c'est le jackpot à la loterie en tant qu'homosexuelle. » Après avoir travaillé pour la radio gay et lesbienne *Eldoradio* et pour le festival du film de Berlin, elle est aujourd'hui la directrice de publication de *Siegessäule*, mais aussi du magazine consacré au milieu lesbien, *L-Mag*, qui a vu le jour en 2003.

À quoi ressemblait le milieu homosexuel de Berlin-Ouest ?

Nous pouvions faire ce que nous voulions. Dans un sens, le Mur nous a protégés de tous les carriéristes, car il était clair qu'on ne pouvait pas devenir riche ici. Pour nous, c'était un petit paradis artificiel. Certes, avec un Mur tout autour, mais quand on n'a pas connu autre chose, on trouve ça normal. Notre nationalité, c'était Berlinois de l'Ouest. On détestait les Allemands de l'Ouest. On détestait aussi les Allemands de l'Est d'ailleurs. C'était une espèce de bulle et nous nous prenions pour les personnes les plus cools au monde. Il y avait un milieu *underground* très important, influencé par la scène punk. Celle-ci, dans les années 1980, était clairement *queer*, même si personne n'utilisait ce mot-là. Les milieux punk et homosexuel étaient mélangés. C'était le même mouvement de résistance contre la société.

33

Quels étaient les rapports avec les cercles homosexuels de Berlin-Est ?

De toute façon, ça ne pouvait aller que dans un sens, ceux de l'Est ne pouvaient pas venir. Je suis allée moi-même une fois à l'Est avant la chute du Mur, mais c'était relativement décevant, il n'y avait pas beaucoup de lieux où se rendre et les habitants ne se montraient pas vraiment accueillants envers ceux de l'Ouest.

Quelle a donc été l'ambiance au moment de la chute du Mur ?

Nous avons été envahis. J'ai retrouvé des photos où l'on voit que nous avions fait des plans pour dire aux *Ossis* (ndla : surnom donné aux Allemands de l'Est) où se trouvait telle fête, tel bar, etc. Il y avait évidemment une sorte d'euphorie de voir débarquer autant de lesbiennes venues de l'Est. Mais on a bien vu aussi les différences culturelles.

C'est-à-dire ?

À l'Est, le milieu homosexuel était très réduit, limité à la simple recherche de partenaires. À Berlin-Ouest, nous voyions cela comme un acte révolutionnaire.

Comment expliquer l'attrait qu'a aujourd'hui Berlin dans le milieu homosexuel ?

Les gens viennent ici parce qu'ils savent qu'on peut faire la fête, rencontrer du monde et que le sexe joue également un rôle. Il n'y a qu'à voir l'importance que prend un magazine comme *Siegessäule*, en toute modestie. Il est distribué à 600 endroits dans la ville et décrit tous les lieux où faire la fête pour les homosexuels. Quelle autre ville en Europe propose cela ?

Il y a aussi évidemment dans le milieu homosexuel des groupes de touristes ou d'expatriés très ciblés. D'un côté, je suis évidemment contente de rencontrer des gens qui viennent du monde entier, cela fait la qualité de vie des Berlinois. De l'autre, ce n'est pas toujours facile de vivre là où les autres passent leurs vacances. J'aimerais bien un peu plus de respect et de curiosité pour notre culture, et pas seulement pour le prix de la bière.

Aujourd'hui, estimeriez-vous qu'il existe un mouvement lesbien en soi ou que celui-ci s'intègre dans un mouvement homosexuel plus large ?

Vous savez, les gays sont aussi des hommes, dans le sens où ils sont également privilégiés dans la société patriarcale. Les lesbiennes sont aussi éduquées comme des femmes, elles restent très en retrait et n'éprouvent pas le besoin de se mettre en valeur. Elles ont moins confiance en elles et sont moins souveraines. Ce n'est certes pas toujours facile pour les gays, mais pour les lesbiennes, c'est encore autre chose. Elles doivent trouver leur place en tant que femmes et en tant que lesbiennes. Les femmes ont plus de difficultés, en général, pour construire un réseau, se soutenir mutuellement. Ma stratégie a toujours été d'intégrer les milieux gays et ensuite de changer la donne de l'intérieur, comme cela a été le cas avec le magazine *Siegessäule*. Ça me semblait une méthode plus efficace que d'attendre la révolution lesbienne mondiale.

Est-ce compliqué de mettre en avant les sujets ou les articles lesbiens dans vos parutions ?

Compliqué, mais pas impossible. C'est compliqué, même envers les gays ouverts d'esprit, de faire comprendre ce qu'est la réalité des lesbiennes. Les lesbiennes connaissent bien mieux les gays que le contraire. C'est une différence énorme qui mettra du temps à être gommée.

Comment voyez-vous votre rôle vis-à-vis de la communauté lesbienne ?

Les lesbiennes ont aussi besoin de modèles et, surtout, de voir qu'elles ne sont pas seules. Pour les jeunes, même aujourd'hui, cela reste toujours difficile de faire son *coming out*. Notamment dans les milieux issus de l'immigration où la religion joue un rôle important. Il y a alors un gros travail d'explication à faire pour que ces gens se sentent bien en tant qu'homosexuels.

Qui sont les grands modèles du mouvement lesbien en Allemagne ?

Il n'y en a pas ou peu malheureusement. Il nous manque quelqu'un comme la présentatrice américaine Ellie DeGeneres, qui est pour moi un modèle absolu. Elle arrive à faire une émission très suivie où elle parle ouvertement de sa sexualité en tant que lesbienne, elle reste très drôle, très intelligente. Ou

35

encore la journaliste Rachel Maddow, également américaine. Mais rien de tout cela en Allemagne.

Comment faire évoluer cette situation ?

Nous sommes en discussion avec beaucoup de personnes et nous souhaiterions dans un premier temps qu'elles assument déjà leur situation. Le secteur qui nous préoccupe, c'est le football. Les footballeuses allemandes ont beaucoup de supportrices lesbiennes. Ce serait tellement important que l'une d'entre elles rende publique son homosexualité, car le sport joue un rôle important dans la société. Je me demande ce qu'elles ont à perdre, on ne leur demande pas de faire de la politique. Personnellement, je me sens vexée quand une personne ne veut pas assumer la situation dans laquelle je me trouve moi-même. Car cela implique que je devrais avoir honte de ce que je suis.

Y a-t-il encore des combats juridiques à mener aujourd'hui ?

Juridiquement, nous avons déjà obtenu beaucoup. C'est bien beau d'avoir des lois, qui permettent de se protéger dans les cas les plus graves, mais elles ne sont pas toujours appliquées. On ne change pas une société avec des lois. Le plus important, à mon avis, c'est de combattre le patriarcat. Je le dis en tant que femme et en tant que lesbienne. La misogynie dans l'ensemble du monde, et plus particulièrement dans les grandes religions, est mon ennemi déclaré.

Quelles sont, selon vous, les voies pour combattre ce patriarcat ?

D'abord, être tout simplement meilleure en tant que femme. Ensuite, savoir s'allier avec les hommes qui sont assez intelligents pour pouvoir sacrifier certains de leurs privilèges. Mais il y a évidemment aussi des femmes qui soutiennent le système patriarcal. Actuellement, il y a un retour aux principes du bonheur privé : le mariage, les enfants, le bonheur à deux, la fidélité éternelle d'une relation monogame. Personnellement, je trouve ça consternant. Nous étions déjà beaucoup plus loin dans les années 1970 et 1980 mais, apparemment, ce modèle n'a pas marché. Nous avons maintenant des générations qui préfèrent se retirer dans le cadre privé et qui ne pensent plus au collectif. Tout ce qui est collectif n'est pas à la mode. Du coup, un changement politique devient extrêmement difficile car, si chacun se concentre sur son petit bonheur privé, il ne remet plus en question les principes généraux.

37

Est-ce le cas aussi dans le mouvement lesbien ?

Évidemment. Il y a là aussi beaucoup moins de femmes qui s'engagent. Les valeurs hétérosexuelles ont clairement été récupérées : une relation stable, la famille, être accepté. Mais si on pense qu'on n'est bien que si on est accepté par les parents, l'Église, ou tout ce qui représente un statut social, alors on se fait l'esclave d'une société répressive. Nous assistons aussi au fait qu'une nouvelle image de la femme fait son apparition : il faut être très féminine, absolument ne pas se montrer comme lesbienne, être normale. Cela va complètement à l'encontre de mon positionnement politique : je viens d'un milieu où l'objectif, c'était de tout faire pour ne pas être normale. ■

CHAPITRE II

LES MÉTROPOLES
EN MOUVEMENT

ANS LE PORT DE HAMBOURG,
IL Y A DES GRUES QUI DANSENT

Comme surgi des eaux, le quartier de la HafenCity voit peu à peu le jour à quelques encablures à peine du centre-ville de Hambourg. Un gigantesque projet d'urbanisme qui vient renforcer le caractère maritime de la ville hanséatique.

40

Pour les amateurs de jeux vidéo, la HafenCity a quelque chose de « SimCity », ce jeu populaire où l'utilisateur peut construire une ville à sa guise, en ajoutant des rues, des ponts, des lignes de métro, en choisissant entre les espaces verts, les maisons ou les magasins, devant prendre garde aux dangers comme une inondation mais aussi une banqueroute. C'est à ce jeu en grandeur nature que se livrent les promoteurs du quartier HafenCity, une véritable ville dans la ville de Hambourg, la deuxième métropole du pays (après Berlin) avec pas moins de 1,7 million d'habitants.

Le terrain de jeu : une zone de 157 hectares située entre le centre-ville historique de Hambourg et les bords de l'Elbe. Cette ancienne zone portuaire date du milieu du XIXe siècle et permettait aux marchandises d'arriver jusqu'au cœur de la ville. Mais elle a finalement perdu de son utilité au moment du passage au transport par conteneurs, dont l'activité a été déplacée à l'extérieur de la ville. Cette surface correspond à un agrandissement de près de 40 % de la surface du centre-ville hambourgeois ; une proportion qui rend le projet unique actuellement pour une métropole européenne. Le temps de jeu est, lui, assez conséquent et suppose une certaine endurance des différents acteurs : lancé officiellement en 1997, le projet devrait aboutir au final en 2025, pour peu qu'une nouvelle crise économique et/ou immobilière ne vienne pas en ralentir le rythme.

Joueur principal : le consortium HafenCity Hamburg GmbH qui gère, au nom de la ville, le fonds mis en place tout spécialement pour la HafenCity. Les fonds proviennent des ventes des surfaces à construire ainsi que des investissements publics (en tout 2,4 milliards d'euros) et des investissements privés (8,5 milliards d'euros). Les dépenses sont principalement consacrées aux infrastructures : routes, espaces verts, transports, etc.

41

PROTOTYPE DE VILLE DU XXIᵉ SIÈCLE

L'enjeu est de taille. Outre plus de 10 milliards d'euros d'investissements, c'est le symbole d'une ville moderne européenne du XXIᵉ siècle qui sort actuellement de terre – ou de mer – en Europe. Le développement de ce gigantesque projet d'urbanisme attire l'attention des architectes et des responsables des grandes métropoles du monde entier. Hambourg a même été préférée à Berlin pour candidater à l'accueil des Jeux olympiques d'été de 2024. Le dossier de candidature prévoit l'éventuel stade olympique sur une île à l'entrée même de la HafenCity. La HafenCity est également là pour répondre à un problème que connaissent de nombreuses grandes villes : un manque criant de logements qui pousse à une forte augmentation des loyers.

« Avec la chute du Mur, Hambourg, qui était jusqu'alors tout proche de la frontière du rideau de fer, s'est trouvé être un point stratégique vis-à-vis de l'Europe de l'Est, explique **Susanne Bühler**, porte-parole du consortium HafenCity Hamburg GmbH. Il était clair que la ville allait se développer. Mais, comme Berlin ou Brême, Hambourg a la particularité d'être une ville-État, c'est-à-dire qu'elle est un Bundesland à part entière et a donc de très fortes compétences politiques. Géographiquement, cela signifie également qu'elle est relativement restreinte dans son développement. Or, avec le déménagement du port vers la partie sud de la ville, cet espace est devenu disponible et la ville était propriétaire de la surface, ce qui est un avantage conséquent. L'objectif est non seulement d'obtenir un nouvel élan pour la ville en accueillant près de 45 000 emplois sur cet espace mais aussi de pouvoir y loger 12 000 habitants. »

Le projet de la HafenCity prévoit un développement d'ouest en est au fur et à mesure du développement des différents tronçons. La toute première partie, nommée Am Sandtorkai/Dalmannkai, a vu le jour en 2009, donnant un premier aperçu de ce que deviendra la HafenCity. Accolés à l'ancienne *Speicherstadt* – zone où étaient jadis stockées les réserves de livraisons –, des bureaux et des habitations ultramodernes forment un U autour d'un bassin qui accueille quelques bateaux traditionnels. Au beau milieu de ce bassin, un ponton monte et descend selon les marées.

Au bout de ce U, l'un des bâtiments les plus connus d'Allemagne, même s'il n'a pas encore ouvert ses portes : l'Elbphilharmonie. L'imposante salle de concert de Hambourg était censée être la figure de proue de la HafenCity. Une silhouette élancée qui servirait de phare tout en bout de quai. Seulement, l'Elbphilharmonie appartient à un trio tristement célèbre en Allemagne avec l'aéroport de Berlin et la gare de Stuttgart. Ces trois bâtiments sont devenus non seulement la cible de blagues mais aussi une source de soucis pour les habitants, et, qui plus est, pour les contribuables allemands, en raison des nombreux déboires et retards de leur construction.

Mais Susanne Bühler le promet : « Je peux l'annoncer officiellement, l'ouverture de l'Elbphilharmonie aura lieu dans les deux années à venir. La fin des travaux aura lieu en 2016 et, le temps de tout mettre en place, le premier concert en 2017. » Même si les Allemands sont désormais bien méfiants sur les annonces d'ouverture de grands projets, le maire de la ville, Olaf Scholz (SPD), a annoncé au début de l'année 2015 que le premier concert aurait lieu le 11 janvier 2017, soit plus de six ans après la toute première date annoncée.

LES LUMIÈRES DU PORT

« Le tout est évidemment aussi un processus d'apprentissage, reconnaît-elle, et nous adaptons les prochains plans et les prochains appels d'offres en fonction de nos expériences. Pour les futurs tronçons, nous avons donc prévu plus de logements, et notamment plus de logements sociaux. » En effet, la HafenCity a la réputation d'offrir des prix extrêmement élevés qui mettent en danger la mixité sociale de ce quartier, pourtant objectif annoncé par les entrepreneurs. « Il est vrai que des investisseurs ont acheté plusieurs appartements et les ont ensuite revendus, toujours plus chers, mais ce sont des processus difficiles à contrôler. » La tour Marco Polo et ses *penthouses* avec vue directe sur l'Elbe et le port sont notamment très prisés.

Les travaux continuent donc d'aller bon train sur l'ensemble de la HafenCity, les grues tournent, les pelleteuses s'activent, les bâtiments viennent tour à tour peaufiner la silhouette du quartier et les bureaux s'installent petit à petit. La rédaction du plus célèbre des magazines allemands, *Der Spiegel*, a ainsi investi la place, Greenpeace a établi ses quartiers généraux, et les boutiques continuent évidemment de suivre le pas de cette studieuse clientèle qui remplit les restaurants le midi.

Le soir, en revanche, la HafenCity est calme, très calme. Les lumières du port offrent certes une magnifique vue pour les promeneurs, mais les activités nocturnes restent encore limitées. « C'est un développement très intéressant à observer, explique Susanne Bühler, car c'est l'un des processus qui a besoin de temps et que l'on ne peut pas ordonner d'en haut. Les habitants s'installent petit à petit, les initiatives se développent, les premiers bars voient le jour. » Un processus qui pourrait être aidé par l'arrivée des étudiants de la HafenCity Universität.

CANTINE UNIVERSITAIRE AVEC VUE

En effet, au beau milieu des gravats et des grilles de sécurité, a vu le jour au printemps 2014 le bâtiment de la HafenCity Universität. Créée depuis 2006 mais jusqu'alors éparpillée sur cinq lieux différents, l'université a pu investir l'un des emplacements les plus privilégiés de la ville. Et les quelque 2 400 étudiants de cette toute récente institution auront de l'inspiration à portée de main puisque les cursus sont principalement consacrés à l'architecture et au développement urbain.

« L'avantage effectivement est que tous nos étudiants pourraient effectuer un stage dans le quartier, souligne en riant Jost Backhaus, porte-parole de l'université. Nous sommes ici tout près du centre-ville et les résidences étudiantes seront bientôt prêtes. » Le bâtiment lui-même vaut le coup d'œil, avec ses couloirs qui se rétrécissent, les tables de la cantine universitaire sur la terrasse au bord de l'eau et le dernier étage qui offre une vue sans pareil sur la HafenCity et l'ensemble de la ville.

Sans oublier la toute nouvelle station de métro au nom même de l'université où sont suspendus des cubes dont les couleurs varient, rappelant les conteneurs du port sur l'Elbe. Dans les prochaines années, cette ligne de métro rejoindra le réseau de S-Bahn vers un dernier tronçon qui sera lui consacré à de hauts gratte-ciel. Parachevant ainsi, à l'horizon 2025, un extraordinaire projet d'urbanisme qui ne demande plus qu'à voir émerger une véritable vie de quartier pour s'intégrer vraiment au cœur de la métropole hambourgeoise. ∎

COLOGNE ENTRE CLOCHERS ET MINARETS

À l'ombre de la célèbre cathédrale de Cologne se construit actuellement un autre monument religieux hautement symbolique : la plus grande mosquée d'Allemagne. Un chantier qui a mis en lumière la question de l'intégration des musulmans dans la société allemande.

Les échafaudages sont encore bien là et les fils continuent à pendre du plafond, mais la silhouette de la nouvelle mosquée de Cologne se dessine déjà. Deux minarets de 55 mètres entourent une grande coupole qui accueillera la salle de prière principale. 1 200 personnes pourront venir y prier. Les ornements sont présents sur les murs mais les finitions manquent. Les ouvriers s'attellent encore à bâtir les boutiques du bazar qui se trouvera sous la salle de prière. En ce mois de juin 2014, les travaux semblent pourtant tourner au ralenti et l'inauguration des locaux paraît encore loin. La date d'ouverture, plusieurs fois repoussée, est toujours incertaine.

Ce jour-là, **Bekir Albolga**, représentant de l'Union turco-islamique pour les affaires religieuses (DiTiB), à l'initiative du

45

projet, pourra pousser un « ouf » de soulagement : « Les musulmans sont arrivés en nombre en Allemagne, et plus particulièrement dans cette région industrielle, en tant que travailleurs immigrés il y a 50 ans. Ceux-ci sont finalement restés en Allemagne, leurs enfants sont nés ici et ont leurs racines en Allemagne. C'est à partir du moment où la société allemande s'est rendu compte que ces travailleurs immigrés, qui, à l'origine, étaient censés repartir chez eux, restaient en Allemagne que s'est posée la question de l'intégration et, en particulier, du rôle de l'Islam en Allemagne.

Les mosquées sont bâties dans les grandes villes où les travailleurs immigrés sont présents : Munich, Stuttgart, Mannheim, etc. Il y a à peu près 120 000 musulmans à Cologne et nous n'avons pour l'instant que des mosquées d'arrière-cour, rien de vraiment représentatif. Nous avons la centrale de notre fédération à cet endroit depuis 30 ans. À l'époque, Berlin n'était pas vraiment accessible et beaucoup des travailleurs immigrés venus de Turquie travaillaient dans la région de Cologne. Nous avons d'abord effectué nos prières dans une ancienne usine. Mais les locaux étaient vétustes et n'étaient plus assez grands.

Il était temps de construire cette mosquée qui est un symbole : nous sommes intégrés à l'Allemagne, nous avons nos racines ici aussi désormais. Si nous ne nous sentions pas intégrés en Allemagne, nous n'aurions pas bâti cette mosquée. Ce bâtiment porte le message suivant : l'Islam et les musulmans font aujourd'hui partie de l'Allemagne. »

CHEVAL DE BATAILLE DE L'EXTRÊME-DROITE

La plus grande mosquée d'Allemagne à quelques encablures à peine de la célèbre cathédrale de Cologne ? Un projet qui, depuis son annonce, a attisé la colère de certains dans cet arrondissement multiculturel d'Ehrenfeld. Dans cette interminable Venloer Strasse où se tient le chantier de la mosquée, c'est en effet une ambiance très internationale qui apparaît au premier coup d'œil. Comme à Berlin, et dans beaucoup de villes allemandes, ces quartiers populaires se caractérisent par la présence de nombreuses petites boutiques, vendeurs de kébabs, de pizzas, de cuisine asiatique ou encore de bureaux de paris.

« Il n'y avait pas vraiment de conflits avant la construction de la mosquée, explique **Joseph Wirges**, maire d'arrondissement. Puis les peurs sont montées : le fantasme que Cologne devienne une petite Mecque. Le mouvement d'extrême-droite Pro Köln a voulu s'immiscer dans le débat et a lancé des manifestations et des campagnes d'affichage contre la mosquée. Nous avons notamment vu apparaître cette fameuse affiche représentant la célèbre mosquée d'Istanbul, Hagia Sophia, barrée par un sens interdit. J'ai moi-même reçu de nombreuses menaces de mort. Avec des lettres découpées dans les journaux, comme dans les films. Certaines personnes n'ont que ce moyen pour exprimer leur frustration. »

47

Des menaces qui ont pris une tout autre tonalité lorsque le public allemand a fini par découvrir que c'était un groupuscule d'extrême-droite, la tristement célèbre NSU (Nationalsozialistischer Untergrund), qui, outre plusieurs meurtres sur tout le territoire allemand, avait été à l'origine d'un attentat à la bombe à Cologne en 2004. « Quand j'ai su cela, je peux vous dire que je n'ai pas fait le fier. »

Le mouvement d'extrême-droite Pro Köln a réussi dans un premier temps son pari en faisant élire plusieurs représentants au conseil municipal de quartier ainsi qu'à celui de la ville de Cologne. Mais la population locale est descendue encore plus nombreuse dans la rue pour s'opposer à l'extrême-droite et donc soutenir le projet.

Une situation qui n'a pas vraiment étonné Bekir Albolga : « La situation n'était pas si différente lors de la construction de la mosquée à Mannheim. Ceux qui ont manifesté contre la mosquée avaient pour objectif politique d'entrer au conseil municipal, et ils ont réussi. Certains ont utilisé la construction de la mosquée pour s'en prendre à l'Islam. Force est de constater qu'il y a une montée d'un sentiment anti-Islam et antimusulmans. Il est du devoir de la politique, des médias mais aussi des communautés religieuses, de ne pas laisser s'installer un anti-islamisme au cœur de notre société. Je suppose cependant que beaucoup de ceux qui ont peur actuellement du projet de cette mosquée seront rassurés quand ils pourront voir celui-ci fini, discuter avec nous et remarquer que nous sommes aussi des citoyens allemands, certes de confession musulmane. De notre côté, il est évidemment important de faire un travail d'information sur notre action. Mais les musulmans n'arriveront pas à désamorcer seuls le conflit. Cela nécessite la volonté de tous les acteurs concernés. »

INAUGURATION EN SUSPENS

Ces débats et le mécontentement d'une partie de la population n'auront donc pas empêché l'obtention d'un permis de construire en 2009 et le début des travaux la même année. Mais là encore, le chantier n'a pas été épargné par les obstacles. La discorde entre DiTiB et le bureau de direction des travaux, dirigé par Paul Böhm, a causé d'énormes retards dans les travaux. Prévue à l'origine en 2012, l'inauguration a été repoussée aux calendes grecques. À l'été 2014, alors même qu'une grande partie des bâtiments semblent prêts de l'extérieur, l'intérieur de la coupole est encore sous les échafaudages et de très nombreuses lacunes architecturales ont été officiellement constatées.

Une grande salle de prière a été mise en place de façon provisoire, mais le provisoire semble durer bien longtemps. Bloqués par une procédure sur les manquements de l'édifice actuel, les ouvriers sont en attente. Une inauguration en 2015, voire même en 2016, est ainsi à prendre encore au conditionnel.

Si les querelles architecturales continuent, les disputes politiques, elles, semblent finalement s'être essoufflées dans le quartier d'Ehrenfeld. Et Joseph Wirges a désormais l'esprit plus tranquille : « Quand la mosquée aura enfin été inaugurée, je pourrai partir en retraite en me disant que, moi aussi, j'aurai participé à rapprocher les gens de mon quartier. Je souhaite que cette mosquée puisse devenir un centre du dialogue entre les différentes croyances, entre les différentes cultures. Nous voulions quelque chose d'unique et nous l'avons, tant mieux. Ce projet est important pour l'avenir, car nous vivons désormais dans une société multiculturelle. L'Allemagne a besoin d'une culture d'accueil plus solide. Les touristes qui viendront alors à Cologne commenceront, dans cet ordre, par voir la cathédrale et, ensuite, pourront visiter notre mosquée. » ∎

FRANCFORT, LA BCE EN VOIT DÉJÀ DE TOUTES LES COULEURS

Toutes les banques allemandes de renom ont leur gratte-ciel au cœur de la City de Francfort. Toutes ? Non. L'une d'entre elles a décidé de se déplacer quelques hectomètres plus loin, sur les rives du Main. Pas n'importe quelle banque : la Banque centrale européenne (BCE) qui a choisi l'exil afin d'établir une distance symbolique avec ses consœurs. La nouvelle BCC, maintes fois critiquée pendant la crise européenne, a connu une inauguration mouvementée en mars 2015, ponctuée par de violents affrontements entre force de l'ordre et manifestants anticapitalistes. Mais auparavant, le chantier au pied de ce nouveau bâtiment en avait déjà vu de toutes les couleurs.

50

La coiffure, le tailleur, le personnage est immédiatement identifiable. Angela Merkel tient dans sa main un maigre bouquet. À la place des pétales fanés, des billets de banque. Le magasin de fleurs apparaît aussi en arrière-plan du graffiti : Draghi Blumen (Draghi Fleurs). Mario Draghi n'est autre que le président de la BCE, dont le bâtiment se situe 50 mètres derrière cet immense graffiti peint sur la palissade du chantier.

Présente à Francfort depuis 1998, la BCE est devenue pour beaucoup de ses détracteurs le symbole du pouvoir, de l'argent et des politiques d'austérité qui étouffent les populations – souvent jeunes – des pays en crise au sud de l'Europe. Membre de la troïka, la BCE a été au centre des attentions tout au long de la crise financière européenne. Mario Draghi et son équipe n'ont donc certainement pas pu consacrer toute leur énergie à un autre défi, logistique cette fois : le déménagement des bureaux de la BCE. Celle-ci a quitté le centre-ville de Francfort pour ouvrir ses portes le 18 mars 2015 sur les rives du Main.

LA BCE QUITTE LA CITY

Fini donc la City, cet assemblage de gratte-ciel rappelant plus les centres-villes des grandes métropoles d'Amérique du Nord que les centres urbains allemands. Ni Berlin, ni Munich, ni Hambourg ne montent à la verticale comme le fait Francfort. Contrastant avec le centralisme à la française, ce n'est pas la capitale Berlin mais bien la ville située dans le Land de Hesse qui est tout simplement la plus grande place financière du pays, une des plus importantes d'Europe.

Francfort-sur-le-Main accueille non seulement la BCE, mais aussi la Banque centrale allemande et la Bourse, un bâtiment bien gardé par un taureau et un ours de bronze qui symbolisent désormais le marché financier allemand. Tous les plus grands instituts de crédit allemand sont à Francfort, qui compte plus de 260 banques. À cela s'ajoutent de très nombreuses représentations de banques étrangères.

En 2011, alors que la crise financière s'apaisait, Francfort comptait encore 75 000 employés dans le secteur bancaire, l'équivalent de plus de 10 % de la population locale. C'est au milieu de cet empire de l'argent que s'était installée la BCE en 1998, louant une ancienne tour de la Commerzbank, l'une des plus grosses banques du pays. Un bâtiment rapidement reconnaissable par sa sculpture bleue représentant le signe de l'euro et entourée d'étoiles. Les médias européens vont devoir s'habituer à une nouvelle image pour illustrer leurs comptes rendus depuis Francfort. Le nouveau bâtiment et ses 41 étages viennent tout juste de s'implanter sur les bords du Main, bien à l'écart des autres banques. Un éloignement qui pourrait ressembler à un message politique.

CASINO ROYALE AU PIED DE LA BCE

Pour **Stefan Mohr** et ses jeunes du *Jugendladen Bornheim*, tout tourne également autour de symboles et de messages politiques quand il est question de la BCE. Les graffitis de ces jeunes du quartier d'Ostend, là même où s'est installée la BCE, ont déjà fait le tour du monde.

Angela Merkel et Mario Draghi jouant à *Casino Royale*, une armée de Pinocchio ou un combat de coqs, ces immenses graffitis installés sur la palissade du chantier sont remplis de messages politiques. Assis dans un canapé de l'immense atelier de son association, Stefan Mohr, travailleur social, raconte la genèse de ce projet dont les images ont illustré de si nombreux magazines.

« Nous avons une importante scène de graffiti à Francfort mais, contrairement à d'autres villes en Allemagne, nous avons été confrontés à une politique très sévère de la part de la mairie. Nous sommes donc toujours à la recherche de surfaces légales pour que les jeunes de notre association puissent exercer le graffiti en toute sécurité. Les possibilités sont peu nombreuses et l'ancienne halle de marché était un des endroits privilégiés pour les graffeurs. Et c'est à cet endroit qu'est venu s'installer le chantier de la nouvelle BCE. »

UNE AUBAINE POUR LES GRAFFEURS DE LA VILLE

Mais Stefan Mohr ne manque pas de ressources et peu à peu naît une idée incongrue : pourquoi ne pas utiliser la palissade de ce nouveau chantier ? Le contact s'établit alors avec la BCE et **Andrea Jürges** qui gère la communication du chantier : « En réalité, cela s'est fait de manière très simple, se rappelle-t-elle. Nous soutenons quelques projets locaux et celui-là nous a semblé intéressant. »

Stefan Mohr confirme qu'il a lui aussi été surpris par la simplicité des premiers pas : « Nous avons estimé les besoins logistiques, les panneaux, les bombes de peinture, il y en avait pour 10 000 euros. Cela a été tout de suite accepté. » Une goutte d'eau pour le budget de la BCE, une aubaine tombée du ciel pour les graffeurs de la ville. Andrea Jürges souligne bien qu'« aucune consigne n'a été donnée. Stefan Mohr nous a précisé que les graffitis ne représentaient ni scènes de violence ni scène pornographique. Cette assurance nous suffisait. »

Stefan Mohr ne voulait également donner aucune directive à ses comparses : « À aucun moment, nous n'avons eu l'impression que la BCE voulait instrumentaliser notre travail. Nous ne sommes en aucun cas un mouvement politique et c'est finalement surtout le hasard qui a voulu que nous trouvions une place près de la BCE. Mais les graffeurs sont des artistes, ils dessinent ce qu'ils veulent. Certains développent leurs styles et leurs signatures, certains ont leurs motifs préférés. D'autres évidemment se laissent inspirer par les lieux, en l'occurrence la BCE. Mais il était important pour chacun qu'aucune consigne ne soit donnée sur le contenu des grafs. »

La suite de l'histoire a fait le tour de la presse allemande. Lors de la présentation des premiers graffitis en juin 2012, le succès est tout de suite au rendez-vous. Le ton insolent, critique et surtout la qualité artistique attirent les passants et les journalistes. « Nous sommes encore une jeune institution, explique Andrea Jürges et nous ne sommes pas vraiment une banque comme les autres. Nous pouvons montrer que nous sommes ouverts à ce genre de projets et également à la critique. Et il n'y a pas eu de réaction négative à l'intérieur de la BCE. Et non, Mario Draghi n'est pas venu me voir pour me demander qui était responsable de ce projet de grafs. »

« CHACUN EST LIBRE DE SES INTERPRÉTATIONS »

Depuis juin 2012, tous les quatre mois environ, Stefan Mohr et son équipe recouvrent les graffitis d'une nouvelle série de peintures. « Cela a donné des scènes assez drôles, raconte Stefan Mohr. Des passants se sont insurgés que nous recouvrions les anciennes peintures, accusant la BCE de censure. En réalité, ce principe de roulement était prévu dès le départ. Le fait qu'un graf disparaisse fait partie du quotidien pour nous, nous savons que notre travail est temporaire. Il est soit enlevé, soit recouvert. Apparaît alors un nouveau graf. »

Deux exceptions à cette règle : le fameux combat de coqs a été acheté par… la BCE elle-même qui souhaite l'exposer dans son futur hall d'entrée. Et la peinture de *Casino Royale* avec Merkel et Draghi a été acquise par un manager de la société informatique Dell aux États-Unis.

Lors de l'ouverture, en juin 2014, de la dernière série de graffitis avant la disparition définitive de la palissade de chantier, le public était encore au rendez-vous. « Nous avons vu un article dans le journal, alors nous sommes venus dès que possible, explique un couple de retraités. C'est un excellent travail. » Les portraits – rarement flatteurs – d'Angela Merkel, attirent l'attention des passants et des photographes. Guido, pantalon taché par la peinture et gants noirs aux mains apporte lui les dernières touches à son œuvre. Un chœur de singes dirigé par des mains géantes sans corps simplement liées entre elles par un ressort. Au centre de l'œuvre, des poissons traversent la toile. « J'aime ces scènes surréalistes, raconte-t-il. Si quelqu'un veut y voir un message politique, chacun est libre de ses interprétations. » ∎

LEIPZIG, LA CULTURE APRÈS LE MUR

Ville de livres et de musique, Leipzig et son paysage industriel ont été touchés de plein fouet par la chute du Mur. Aujourd'hui, la ville de Saxe renoue avec sa tradition culturelle en offrant aux artistes des conditions de vie uniques. Visite dans le quartier de Plagwitz où les projets fourmillent, et qui cristallise ce changement rapide de la ville de Leipzig.

55

La Vleischerei ouvre officiellement à 11 h 33. C'est du moins ce qu'indique le panneau écrit à la craie à l'entrée de ce bistrot. Il est 11 h 35. À l'intérieur, au milieu des chaises hautes et des murs remplis d'autocollants, une reprise de Bob Marley version électro met déjà l'ambiance pour les premiers clients. Raphael, et ses rastas, range encore le comptoir.

Ici l'orthographe particulière indique qu'il ne s'agit pas d'un menu comme les autres. La Vleischerei avec un V majuscule n'est pas une *Fleischerei* (boucherie), c'est un bistrot végétalien. Pas étonnant donc de voir ici le fameux *Döner* s'appeler *Vöner*. « La viande, c'est la mort » indique même un autocollant sur le frigo de la cuisine. Un café végétalien, un concept qui correspond à Plagwitz, ce quartier bobo à l'ouest de Leipzig qui a complètement changé de visage ces dernières années en accueillant une nouvelle vague de population, jeune et liée au monde artistique.

L'histoire de Leipzig est depuis longtemps associée à une tradition artistique et culturelle. La ville de Saxe s'enorgueillit notamment d'avoir eu un certain Jean-Sébastien Bach, le plus célèbre représentant de la ville, comme cantor, bien entouré dans le panthéon musical local par Felix Mendelssohn Bartholdy et Robert Schumann. La salle de concert classique, la Gewandhaus, rappelle l'importance de Leipzig, aujourd'hui encore, dans l'histoire de la musique classique allemande.

Johann Wolfgang Goethe y occupa également les bancs de l'université. L'industrie du livre a, elle aussi, joué un rôle primordial pour la ville et, même si de très nombreuses maisons d'édition, dont la fameuse Brockhaus, ont disparu, la Foire du livre reste un rendez-vous annuel incontournable pour les spécialistes et le grand public.

APRÈS LA RÉUNIFICATION, LA VILLE EST EXSANGUE

Du côté industriel et commercial, les grandes foires qui faisaient la réputation de Leipzig à travers le continent n'ont plus lieu d'être. La ville a perdu ce qui faisait sa splendeur et sa richesse, même si l'auguste gare ferroviaire et quelques imposantes maisons du centre-ville témoignent encore de la prospérité passée de la cité. De nombreuses industries, qui ont survécu à la Seconde Guerre mondiale, sont passées sous le joug du régime de l'Allemagne de l'Est.

1989 est une année charnière pour la ville. Les célèbres « manifestations du lundi » sont le symbole de la révolution pacifique qui met en cause le système est-allemand. Au moment de la chute du Mur, la désagrégation de l'économie est-allemande et la concurrence de l'Allemagne de l'Ouest ont sonné le glas pour de nombreuses industries de Leipzig. Au début des années 1990 donc, les industries disparaissent et la ville se vide. Leipzig, qui fut la 4e ville du pays avec environ 750 000 habitants dans l'entre-deux-guerres, est alors exsangue.

LA *SPINNEREI*, SYMBOLE DU RENOUVEAU ARTISTIQUE

À Leipzig et plus particulièrement dans le quartier de Plagwitz, les usines abandonnées avoisinent aujourd'hui encore les terrains vagues. Ce sont justement ces espaces vides, en grand nombre, qui ont attiré à Leipzig de nouveau les artistes, en quête de place.

C'est le cas de la Baumwollspinnerei. Les larges allées de l'ancienne filature de coton laissent deviner le grouillement qui était le sien à la grande époque. Au début du siècle, la filature employait près de 4 000 personnes, 240 000 fuseaux étaient en action, en faisant ainsi l'une des plus importantes du continent européen. Si la *Spinnerei* (la filature) fait encore aujourd'hui parler d'elle, ce n'est plus pour son traitement du coton qui a finalement cessé en 1993, quelques années après la réunification allemande, mais bien parce que ce lieu est devenu le symbole d'une résurrection de la ville.

En effet, comme pour beaucoup de friches industrielles, la *Spinnerei* laissée à l'abandon a attiré les convoitises. « Dès le milieu des années 1990, les artistes sont venus s'installer à la *Spinnerei*, explique Michael Ludwig, qui s'occupe de la visite des lieux. Le peintre Neo Rauch est venu en 1994 et c'est autour de lui que s'est développée la Neue Leipziger Schule qui a beaucoup fait parler d'elle dans le monde de l'art. Aujourd'hui, les visiteurs viennent aussi ici pour essayer de découvrir les ateliers de Neo Rauch. »

La *Spinnerei* accueille désormais de nombreuses galeries huppées de peintres, de sculpteurs, des studios de musique, une boutique de vin, un cinéma d'art et d'essai et un café. En tout, 120 artistes ont trouvé résidence à plus ou moins long terme dans les grands halls de la *Spinnerei* et pas moins de 300 000 visiteurs chaque année se pressent pour découvrir cette résurrection culturelle.

« LA VILLE EST REDEVENUE VIVANTE »

Un succès tel que la *Spinnerei* affiche désormais complet. Les jeunes artistes doivent donc se mettre à la recherche une nouvelle fois de lieux alternatifs. Mais les possibilités ne manquent pas à Plagwitz. En témoignent les travaux qui continuent toujours dans la Tapetenwerk, une ancienne usine de tapisserie. C'est là que s'est installé le céramiste Thomas Gebhardt. Un atelier de 30 m², éclairé par une fenêtre située à 3 mètres de hauteur, quelques vases sur un établi et 4 murs en briques rouges.

Ces murs sont chargés d'histoire : la Tapetenwerk fut à une époque la deuxième plus grande usine de papier peint d'Allemagne. Après l'effondrement de l'économie est-allemande à la réunification, le lieu a accueilli la production de napperons pour la Lufthansa avant de déposer le bilan en 2006. Les nouveaux propriétaires tentent alors de réhabiliter les lieux en offrant des espaces recherchés par les artistes.

Les coups de marteau dans la cour prouvent que les travaux de réhabilitation sont toujours en cours. Les différentes boutiques offrent une large palette artistique : atelier de chaussures, photographes, peintres, magasin de skateboards. Thomas Gebhardt, qui avait lui-même fui Leipzig dans les derniers mois de la RDA souligne cette diversité : « La ville est redevenue vivante et beaucoup plus colorée. C'est l'image que j'avais de Leipzig avant la réunification : grise. Ce changement a à voir avec la diversité de sa population, les nombreux étudiants et surtout la liberté que nous n'avions pas à l'époque. »

LES START-UP AUSSI SONT AU RENDEZ-VOUS

Cependant, les friches du quartier de Plagwitz ne sont pas une aubaine que pour les artistes. Elles attirent également quelques start-up ambitieuses, comme la boutique de T-shirts en ligne

Spreadshirt. L'idée de Spreadshirt a germé, il y a un peu plus de dix ans, dans la tête de deux étudiants de l'école de commerce de Leipzig : mettre en place une plate-forme en ligne où les clients, gros ou petits, pourraient faire eux-mêmes le design de leur T-shirt mais aussi vendre à différentes échelles. L'idée fait son chemin et Spreadshirt installe son quartier général à Plagwitz dans ce qui fut auparavant une usine d'engins de chantier. En 2012, Spreadshirt a ainsi envoyé trois millions de T-shirts dans le monde entier, la très grande majorité étant proposée par des designers qui les mettent en ligne sur cette plate-forme.

« Notre plate-forme a pu trouver un bon terreau pour se développer à Leipzig, explique Anja Greulich, porte-parole de Spreadshirt. Les créateurs ont reçu de l'aide au tout début pour obtenir un bureau. Avec la présence du transporteur DHL et l'aéroport à proximité, c'est un véritable plus pour fournir les clients qui veulent toujours très rapidement leurs T-shirts. Aujourd'hui, Leipzig n'est plus notre plus grand lieu de production et les États-Unis sont désormais notre marché principal, mais cela semblait important aux créateurs de garder Leipzig comme siège principal. »

Pour la ville de Leipzig, cette tendance est une occasion en or pour faire revivre la cité. Le nombre d'habitants, qui a longtemps chuté à Leipzig comme dans toute l'Allemagne de l'Est, est désormais en augmentation. Début 2014, la ville n'est pas peu fière d'annoncer qu'elle vient, avec 536 000 citoyens, de dépasser Dresde, la grande sœur et rivale, capitale de la région de Saxe. Un symbole fort pour le renouveau de la ville des foires. ■

CHAPITRE III

L'ÉCONOMIE OÙ TOUT ROULE
(OU PRESQUE)

ÉCONOMIE COLLABORATIVE : « ANCIENS » CONTRE « MODERNES » ?

Les locaux de WunderCar et de son créateur **Gunnar Froh** se trouvent au beau milieu de la HafenCity, le tout nouveau quartier de la ville de Hambourg.

La rue est toujours en travaux et les grues dominent encore le pâté de maisons. Pour le quartier comme pour cette jeune entreprise, tout est encore à construire.

L'ambiance dans les locaux de WunderCar fait tout pour coller aux clichés des start-up californiennes : table de ping-pong au milieu de la pièce centrale, le chien du chef qui se balade tranquillement entre les bureaux. Dans la salle de réunion, une chaise est surmontée d'une selle de cheval, l'autre d'une peau de vache (au sens propre du terme).

WunderCar a débuté au printemps 2014 dans le domaine du *carsharing* ou plutôt du *ridesharing*, une sorte d'application sur smartphone pour organiser du covoiturage urbain. Après la célèbre plate-forme de partage d'appartements particuliers AirBnB, c'est la deuxième grande aventure pour son créateur Gunnar Froh dans le monde de la *sharing economy*.

Ce terme si à la mode, surtout en Allemagne, se fonde donc sur une économie du partage. Des particuliers partagent avec d'autres les biens, appartements, voitures, mais aussi outils ou même nourriture, qu'ils ont à leur disposition. Un secteur censé donc minimiser l'utilisation de nouvelles ressources et qui fonctionne grâce à la force des réseaux qui le composent.

Mais, comme tout nouvel arrivant sur le marché, les tenants de la *sharing economy* sont vus d'un très mauvais œil par les acteurs traditionnels, en l'occurrence les hôtels ou les taxis. À Berlin notamment, la location d'appartements particuliers à des touristes de passage est devenue un débat politique de premier ordre. En Allemagne, comme en France, les taxis manifestent également avec vigueur contre cette nouvelle concurrence, dénonçant le manque de législation s'appliquant à ces nouveaux acteurs, alors qu'eux-mêmes sont soumis à une stricte réglementation. Cette dernière fronde vise principalement l'acteur majeur du *carsharing*, l'américain Uber, mais la start-up allemande WunderCar a vu également ses services suspendus à Hambourg et à Berlin. Pas vraiment de quoi inquiéter Gunnar Froh, optimiste quant à l'issue du conflit.

63

Quelle a été votre motivation pour vous lancer dans la *sharing economy* ?

J'ai remarqué, pendant mes études, qu'il y avait plusieurs résidences où il y avait autant de voitures dans le garage que d'étudiants dans la résidence, mais les voitures ne bougeaient presque jamais. Donc, le premier questionnement a d'abord été un principe d'optimisation, plutôt qu'une visée écologique. Mon doctorat, que je n'ai pas eu le temps de finir parce qu'AirBnB est venu entre-temps, s'intéressait aux sciences comportementales. Pourquoi les consommateurs ont peur de faire des réservations et préfèrent avoir toujours de la flexibilité ? Pourquoi est-ce rassurant d'avoir sa propre voiture devant chez soi bien que cela soit beaucoup trop cher ?

La plate-forme de mise à disposition d'appartements de particuliers, AirBnB, est l'un des porte-drapeaux de la *sharing economy*. Jusqu'à l'automne 2013, vous en étiez le coordinateur européen : comment ce concept a-t-il évolué ?

En parallèle de ma thèse, en 2010, j'ai mis en place un site où chacun pouvait louer sa propre chambre dans ma ville universitaire, Coblence. À cette époque, AirBnB était en train de devenir très populaire aux États-Unis. J'ai pu rencontrer les créateurs d'AirBnB et ils ont enrôlé notre équipe pour ouvrir un bureau européen. À l'époque, AirBnB avait 30 employés à San Francisco et nous étions 5 en Allemagne. J'ai construit l'équipe en Allemagne et j'étais le représentant d'AirBnB. Entre-temps, AirBnB connaissait une croissance incroyable. À l'automne dernier, j'ai réfléchi à créer quelque chose de nouveau et j'ai donc contacté quelques collègues et investisseurs.

Pourquoi quitter AirBnB alors que le concept marchait aussi bien ?

Le quartier général était à San Francisco, j'y suis souvent allé, mais finalement pas assez. Dans une start-up, ce sont les créateurs qui décident, parfois de manière très spontanée et portés par l'émotion. Donc il faut être sur place. Comme je ne voulais pas déménager là-bas et que je préférais utiliser le réseau que j'avais mis en place en Allemagne, j'ai cherché où construire un nouveau projet. J'ai créé à l'automne 2013 WunderCar en appliquant les expériences vécues à AirBnB à un autre secteur.

La première version de notre App était disponible en mars 2014 et nous avons commencé à proposer des trajets à Hambourg et Berlin et à sélectionner les conducteurs qui s'étaient manifestés. Dans trois ans, nous voulons être installés dans 30-40 villes, la plupart en Europe. Nous avons de bonnes expériences dans les marchés émergents, là où ne se sont pas encore développés des systèmes comme DriveNow ou le Vélib !

Le concept de Wundercar a été présenté comme du *ridesharing*, comment cela fonctionne-t-il dans la pratique ?
À partir de notre application sur smartphone, des particuliers se retrouvent pour parcourir ensemble un trajet à l'intérieur de la ville. Un particulier dit où il est et où il veut aller. À l'heure actuelle, ce sont les conducteurs qui reçoivent une demande pour un trajet. Le conducteur décide alors s'il accepte ce trajet. Dans l'idéal, ce serait de toute façon sa direction, mais cela peut être, surtout au début, un petit détour. À la fin du trajet, le client décide s'il veut payer ou pas. Cela peut être 4, 5, 6 euros. C'est le même principe qu'AirBnB : le conducteur est content d'avoir pu rencontrer quelqu'un et a reçu un peu d'argent. Mais il ne s'agit pas seulement de se faire de l'argent, pour cela, il y a bien d'autres métiers plus lucratifs.

En Allemagne comme en France est né un conflit entre les conducteurs de taxi et les entreprises de *carsharing* comme Uber. Vous êtes évidemment directement concerné par ce débat car vos services ont dû être suspendus en Allemagne. Comment différencieriez-vous votre concept d'un trajet en taxi ?
Les taxis ne sont pas une alternative pour nos utilisateurs parce qu'ils sont trop chers. C'est le paradoxe : prendre le taxi est considéré comme trop cher alors que les conducteurs touchent très peu, parce que la productivité est faible. En Allemagne, les taxis travaillent en moyenne 10 heures et ne roulent en réalité que pendant 2 heures et demi, le reste étant du temps d'attente. Cela n'arrive pas dans notre système car les conducteurs n'attendent pas. L'un des soucis des politiques est que les taxis ont une mission de base : dans les grandes villes, il faut toujours des taxis à disposition, c'est pour cela qu'ils sont également protégés. Mais nous pensons que nous ne prenons

65

qu'une très faible part du marché aux taxis. Les hommes d'affaires, les personnes âgées vont continuer à utiliser un taxi. Notre concurrence, ce serait plutôt les entreprises de *carsharing* comme DriveNow ou Car2Go dans les grandes villes.

Quelle est votre proposition pour sortir du conflit ?

Nous proposons un plancher en dessous duquel il n'y aurait pas besoin de licence particulière pour conduire. Cette limite correspondrait au moment où un chauffeur ne gagne pas plus avec sa voiture que ce que sa voiture lui coûte par an. Je crois que les politiques sont relativement ouverts à cette proposition. La critique majeure réside dans le fait que pourrait se créer un nouveau précariat, que les conditions de travail ne seraient pas assurées. C'est pourquoi nous proposons de fixer une limite de revenu pour nos chauffeurs. En dessous de cette limite, on peut considérer que le chauffeur ne veut pas en faire une activité lucrative, et il n'est pas non plus dépendant financièrement de cette activité qui lui rapporte donc peu. Dans ce cas, même s'il gagne de l'argent, l'aspect principal de l'activité est de rencontrer des gens. Nous restons donc en concordance avec la définition de la *sharing economy*.

Un monopole est-il envisageable dans le monde du *carsharing* ?

Non, je ne crois pas. Les habitants des grandes villes, avec un smartphone, se déplacent avec un mélange de S-Bahn, DriveNow, WunderCar ou à vélo. La première chose qui va disparaître, c'est la voiture individuelle. Beaucoup de mes amis ont déjà abandonné leur voiture. Mais, chez beaucoup, comme chez moi, il y a un lien émotionnel à sa voiture, même si c'est complètement irrationnel financièrement. Mais cela concerne encore beaucoup de gens, surtout en Allemagne.

Quel est votre public-cible ?

C'est compliqué de déterminer un groupe d'âge ou un niveau d'instruction. Il s'agit surtout d'un style de vie, ce qui correspondrait au LOHAS *(Lifestyle of Health and Sustainability,* ndla). Ce sont des gens curieux, qui voyagent beaucoup, souvent avec un sac à dos. Des gens qui n'iraient pas à Majorque mais qui recherchent un endroit plus exotique. Des gens qui ne travaillent pas de 9 heures à 17 heures, mais plutôt sur des projets. Ce n'est pas une question d'âge car il y a des gens de mon âge qui ne peuvent pas s'imaginer louer leur appartement sur AirBnB. Berlin correspond parfaitement à ce genre de projets, Munich déjà moins.

Quelle est votre propre définition de la *sharing economy* ?

Pour moi, ce sont des particuliers qui mettent à la disposition d'autres personnes des objets ou des compétences qu'ils possèdent. Ce sont des objets déjà existants qui sont utilisés : il n'y a pas plus de voitures qui sont achetées, mais celles qui existent sont davantage utilisées. Et il n'est donc pas question d'une grosse entreprise. Sinon on pourrait dire qu'un hôtel, c'est aussi de la *sharing economy.* Par exemple, la marque Hilton aurait une maison et laisserait les gens dormir dedans. Quand j'ai une résidence secondaire, où je n'habite pas du tout et que je loue sur AirBnB, ce n'est selon moi pas non plus de la *sharing economy.* C'est le principe d'une location d'appartement et cela répond à d'autres lois bien spécifiques.

Comment expliquer le succès actuel de la *sharing economy* en Allemagne ?

On dit souvent que les Allemands font attention à leur argent, c'est une part importante du concept d'AirBnB. Les utilisateurs s'aperçoivent qu'ils peuvent gagner de l'argent sans prendre de grands risques. Les Allemands sont également curieux et aiment voyager, c'est des Allemands que venait la plus grande demande chez AirBnB. Sur ce point précis, il faut faire la distinction entre la demande et l'offre. En effet, les villes les plus visitées étaient Paris mais aussi Amsterdam, Copenhague et l'Espagne. Enfin, l'argument écologique, qui est souvent mis en avant pour la *sharing economy*, fonctionne aussi très bien en Allemagne.

68
Les motivations des acteurs de la *sharing economy* sont-elles toujours idéologiques, liées à des visions de décroissance et d'écologie ?

Il n'y a personne qui puisse véritablement parler au nom de la *sharing economy*. Jeremy Rifkin, l'un des penseurs de la *sharing economy*, dit que l'on ne peut plus vivre dans une société de production de masse, que l'on arrive à une sorte de saturation : on ne devient pas plus heureux en possédant plus. C'est un constat. Lorsque l'on demande aux entrepreneurs quelle est leur motivation, c'est d'abord de construire un produit qui a du sens, qui correspond à son époque. Nous le faisons en tant qu'entreprise, pas en tant que parti politique ou en tant que ONG.

Il ne s'agit pas de savoir : quelle serait la meilleure solution pour l'environnement ? En face de notre bureau, ici à Hambourg, se trouve le siège de Greenpeace en Allemagne, et ce serait plutôt leur rôle. Nous voulons créer une sorte de chez-soi dans la ville, c'est un besoin grandissant dans les grandes villes. Cela peut être fait quand les gens partagent ce qu'ils ont. Le tout peut avoir un effet écologique, mais c'est un effet indirect. Mais effectivement, si l'on veut créer quelque chose de nouveau dans les prochaines années, cela aura un lien avec l'écologie, car c'est sur ce terrain qu'il y a le plus d'attentes.

Une vision pratique plus commerciale de la *sharing economy* n'est-elle pas vouée aux critiques ?

J'entends souvent dire, notamment dans le cadre d'AirBnB, qu'il faut être prudent, parce que nous gagnons aussi de l'argent. Mais personne n'a dit le contraire. Pour WunderCar, nous avons construit une plate-forme pour gagner de l'argent. Nous devons payer les employés, les locaux. Nous avons investi plusieurs millions dans ce projet, des centaines de milliers d'euros dans la programmation, dans les assurances, et nous sommes tout le temps joignable. Il faut des gens qui construisent les smartphones. Il n'y a que des entreprises qui peuvent réaliser cela. Si certains veulent le même service, mais sans entreprise derrière, ils peuvent essayer, mais ce n'est pas possible. Je ne pense pas qu'une telle plate-forme puisse être gérée par une association de bénévoles qui seraient présents quand ils peuvent ou quand ils veulent. ∎

E**T AU MILIEU DU PLEIN EMPLOI COULE UNE RIVIÈRE**

La petite ville bavaroise d'Eichstätt n'a pas seulement été élue la ville avec la meilleure qualité de vie d'Allemagne, elle est également la ville avec le taux le plus bas de chômage du pays. Visite dans un paysage idyllique où le manque de personnel est désormais le problème prioritaire.

Peter Kundiger, chargé de la communication de l'Agence pour l'emploi pour la région d'Ingolstadt-Eichstätt, s'excuserait presque en présentant les derniers chiffres du marché de l'emploi : « Là, on a une montée parce que c'est l'été, les jeunes sortent de formation et sont temporairement inscrits chez nous, c'est pour cette raison que le chiffre est toujours plus élevé en juillet. » « Plus élevé », cela signifie 1,3 %. Il s'agissait du taux chômage à l'été 2014 pour la circonscription d'Eichstätt (1,6 % en février 2015), en plein cœur de la Bavière. Depuis des années, le taux de chômage stagne ici entre 1 et 1,8 %. Même ordre de grandeur chez les jeunes. « En novembre, il y a quelques années, nous avons même pu atteindre 0,9 %. » Le taux le plus bas de toute l'Allemagne. Probablement un des plus bas de toute l'Europe. D'un point de vue macro-économique, la frontière du plein emploi est souvent située aux alentours de 3 %. Pour Eichstätt, le plein emploi est donc une situation ancienne et continue.

UN ADJECTIF REVIENT TOUJOURS : « IDYLLIQUE »

Pour trouver ce miracle du plein emploi, il faut s'enfoncer dans la verte forêt bavaroise, au sud du pays. Puis plonger dans la vallée de l'Altmühltal en faisant le tour du Willibaldsburg, la forteresse qui surplombe la ville.

Deux collines, et au milieu coule une rivière, l'Altmühl. Le long de cette rivière, la cité baroque d'Eichstätt et ses 13 500 habitants. Le temps semble s'être arrêté dans ce centre-ville aux façades colorées. La densité des clochers saute aux yeux, comme aux oreilles. Ici, pas besoin de montre, où que vous soyez dans la ville, les cloches se rappelleront à votre bon souvenir tous les quarts d'heure.

Eichstätt a véritablement vu le jour dès le VIIIe siècle avec le premier évêque de la ville : Willibald, devenu saint patron de la cité. Depuis lors, le catholicisme est partout : Eichstätt est non seulement siège épiscopal mais compte une quinzaine d'églises, soit plus d'une pour 1 000 habitants. L'Église, voilà donc déjà l'un des principaux employeurs de la ville. Joseph Ratzinger, autrement connu sous le nom de Benoît XVI, est également professeur honoraire de l'université, elle-même créatrice de nombreux emplois. La seule université catholique de tout le territoire germanophone. Eichstätt ne compte donc certes que 13 500 habitants, mais pas moins de 5 000 étudiants. Une situation « idyllique », c'est le terme qui revient le plus souvent dans la bouche des habitants. Eichstätt a été élue en 2013 la ville avec la meilleure qualité de vie de toute l'Allemagne par le magazine *Focus*.

« La situation financière de la ville est relativement confortable, confirme le maire **Andreas Steppberger**, même si nous ne touchons pas beaucoup d'impôt sur les sociétés. » Malgré la présence d'Osram, le fabricant de lampes, fleuron de l'industrie eichstättoise, ou encore de Hofmühl, la brasserie de la ville créée en 1492, la majorité des emplois sont dans les institutions, régionales ou catholiques. « Nous avons énormément d'écoles et cela représente des coûts importants d'infrastructure. La ville doit aussi faire des dettes pour investir dans ses projets. » Après une piscine flambant neuve, de nouvelles habitations et de nouveaux magasins sont actuellement en construction près de la gare centrale.

LA CRISE ? QUELLE CRISE ?

Fabian, Philipp et Ronja sont étudiants à Eichstätt et le plein emploi a pour eux aussi des conséquences : « Les étudiants qui veulent travailler trouvent toujours quelque chose » constate Fabian. Notamment chez Audi, qui a son siège social à Ingolstadt, à quelques encablures à peine d'Eichstätt. « Certains étudiants sont embauchés par Audi pour tester de nouvelles voitures. Ils sont payés, bien payés d'ailleurs, pour faire un trajet, et l'usine évalue ensuite les données. C'est quand même pas mal comme boulot », explique Philipp.

« Cela se ressent aussi au niveau du sentiment de sécurité de la ville, explique Ronja. Ici, une fille peut rentrer chez elle le soir sans craindre quoi que ce soit. Chez moi, dans la région de Cologne, ce n'est pas le cas. » Autre conséquence ? Le rythme de la ville, selon Ronja. « Entre 9 h et 15 h, on peut dire que c'est relativement calme en ville, car beaucoup d'habitants travaillent. De même le soir, les restaurants et les bars ferment tôt. »

La petite entreprise Eichstätt ne connaît pas la crise ? « Je crois que les gens se rendent bien compte que la situation ici est exceptionnelle », répond Fabian. Le maire Andreas Steppberger n'est pas exactement du même avis sur cette question : « Je pense que parfois la chance que nous avons de vivre dans une situation aussi confortable est sous-estimée par certains concitoyens. Sur mon bureau, j'ai des demandes pour que le service de poubelles passe à 6 h au lieu de 6 h 30 ou pour signaler que la pelouse d'un jardin d'enfants n'a pas été tondue depuis une semaine. Beaucoup d'autres maires de communes ont bien d'autres soucis à régler. »

La situation semblerait idéale mais tous relèvent le même problème : le manque de main-d'œuvre qualifiée. Sur le tableau à l'entrée de l'agence pour l'emploi, les secteurs en demande sont nombreux : conducteur d'engins, éducateur, coiffeur, etc. « Il y a une très grosse demande dans le commerce et dans le bâtiment. Là, il y a toujours du travail » constate Peter Kundiger.

À l'automne 2014, la circonscription d'Eichstätt comptait 800 chômeurs et 550 emplois qui ne trouvaient pas preneurs. « La concordance est difficile, les métiers demandés requièrent une qualification spécifique. Pour les demandeurs d'emploi d'un certain âge notamment, il est difficile de s'adapter ». Les entreprises de la région se livrent également une vaste concurrence pour recruter de la main-d'œuvre qualifiée : « Audi offre d'excellentes conditions de travail. Mais les petites et moyennes entreprises ne peuvent pas suivre. À la longue, ce manque de main-d'œuvre peut se révéler dangereux. Les entreprises ont la possibilité, dans un premier temps, de s'adapter en baissant leurs capacités, mais les contrats partent alors autre part. »

LA VIE EST – POUR L'INSTANT – UN LONG FLEUVE TRANQUILLE

Lars Bender, responsable du tourisme à Eichstätt, relève le même constat : « Le tourisme est extrêmement important pour Eichstätt, notamment parce qu'il permet une stabilité dans les rentrées d'argent, indépendante de la santé des différentes entreprises de la ville. Nous avons beaucoup de touristes qui viennent pour profiter du paysage, et c'est également un haut lieu du catholicisme. Mais les restaurants ou les hôtels ont du mal à recruter. Les jeunes, les étudiants, peuvent trouver de meilleures conditions dans d'autres secteurs. »

À tel point qu'Eichstätt et la région tentent désormais d'attirer des forces vives, voire même de l'étranger. Andreas Steppberger raconte par exemple, comment, suite à un article d'un magazine italien, des Siciliens sont venus à Eichstätt : « Ils ne savaient pas vraiment vers qui se tourner et se sont d'abord adressés à la résidence de l'évêché. Deux sont retournés chez eux, mais un a effectivement fini par trouver un travail ici. »

« La barrière de la langue demeure forcément un problème, affirme Peter Kundiger, il faut savoir parler allemand pour travailler ici. Plusieurs personnes, venues d'Espagne ou d'Italie, ont réussi à s'installer là, mais cela reste des cas isolés. »

Que pourrait venir troubler ce paisible marché de l'emploi ? « Quand Audi tousse, c'est toute la région qui a la grippe, répond Peter Kundiger. En 2008-2009, la crise a pu être amortie par des mesures comme le temps partiel, ce qui a fait qu'Eichstätt n'a pas complètement ressenti ce creux. » Andreas Steppberger s'inquiète aussi du devenir de l'université : « Nous suivons activement l'activité des différentes facultés et les réformes en cours. » Pourtant, les nuages s'annoncent dans la vallée d'Eichstätt : le plan social du fabricant de lampes Osram, annoncé à l'été 2014, menace grandement l'usine d'Eichstätt qui pourrait se séparer de près la moitié de ses 700 employés. Une crise importante au niveau local contre laquelle les syndicats se battent farouchement.

En attendant, le saint patron Willibald, qui en a vu d'autres, continue de veiller sur cette ville où la vie est – encore – un long fleuve tranquille. ∎

LES PME SOUABES, DES CHAMPIONS DU MONDE BIEN CACHÉS

Si l'Allemagne a si bien réussi à traverser la crise économique, c'est, entre autres, grâce à la solidité de son *Mittelstand*. Dans la région du Bade-Wurtemberg, ces puissantes entreprises de taille moyenne couvrent tout le territoire et servent de thermomètre à l'ensemble de l'économie allemande.

Le lieu de travail de Nadine Walz est inhabituel. Cette jeune fille de 24 ans vient tout juste de finir son apprentissage en alternance au sein de l'usine Ziehl-Abegg, à Künzelsau, dans la région du Bade-Wurtemberg. Trois ans d'apprentissage avec, dès le départ, la garantie d'obtenir un CDI. Son environnement professionnel désormais : une immense pièce aux murs recouverts de panneaux pour permettre une parfaite insonorisation ; au milieu, quelques micros pour mesurer le bruit émis par les ventilateurs. Une fois dans cette pièce, le silence, inhabituel, est presque inquiétant. Les oreilles mettent du temps à s'accoutumer et la parole ne semble pas porter. Ce bijou technologique fait la fierté de Ziehl-Abegg.

« Il y a trois critères importants pour un ventilateur, explique Rainer Grill, porte-parole de l'entreprise, le bruit, la consommation d'électricité et, évidemment, le prix. Quand nos clients achètent des produits Ziehl-Abegg, ils savent que c'est du haut de gamme, nous ne sommes pas les moins chers du marché. Les produits allemands ont certes toujours une bonne réputation, c'est un avantage autant qu'une pression supplémentaire pour vendre un produit de qualité. Mais dans le secteur, ce n'est pas le *made in Germany* qui compte, c'est le *made in Ziehl-Abegg*. »

PETITE ENTREPRISE FAMILIALE DEVIENDRA GRANDE

Le nom de Ziehl-Abegg est certainement peu connu du grand public, mais il correspond à l'un des acteurs principaux dans le secteur des ventilateurs. Ceux-ci se retrouvent dans de nombreux produits comme les climatiseurs ou les appareils de refroidissement.

En 2013, Ziehl-Abegg présentait un chiffre d'affaires de 388 millions d'euros, dont 70 % à l'export avec 3 250 employés dans le monde, dont 1 800 en Allemagne. Pourtant, il faut aller chercher loin au cœur de la campagne souabe pour trouver cette usine ultramoderne. Peu ou pas de transports en commun pour atteindre Künzelsau. Seule possibilité : la voiture, en partant de Stuttgart et en passant par Heilbronn, puis longer quelques chemins sinueux pour atteindre, enfin, le siège central.

Cette situation correspond parfaitement à la description du fameux *Mittelstand* énoncée par **Markus Müller**, professeur de sciences politiques et administratives à la Zepelin Universität de Friedrichshafen : « Le professeur Hermann Simon a développé dans son livre éponyme le terme de *hidden champions*. Il y décrit ce foisonnement en Allemagne d'entreprises que personne ne connaît mais qui sont leaders mondiaux dans leur secteur spécialisé. Dans la région du Bade-Wurtemberg, ce foisonnement d'entreprises est encore plus fort. Ce qui fait en plus la particularité de la région, c'est non seulement l'importance du secteur industriel mais surtout que ces entreprises se retrouvent absolument partout. Même dans les coins les plus reculés de la campagne souabe où on trouve tout d'un coup une entreprise internationale de 2 000 employés. »

Le Bade-Wurtemberg compte officiellement 477 153 petites et moyennes entreprises selon le dernier décompte du ministère régional de l'Économie qui date de 2010. 99,8 % des entreprises de la région comptaient moins de 500 employés. Avec un chiffre d'affaires cumulé qui monte, lui, à 60 %, du volume régional.

Cependant, le *Mittelstand* ne peut pas simplement se réduire à ces chiffres, selon Markus Müller : « La première définition du *Mittelstand* est certes quantitative et correspond à des plafonds concernant le chiffre d'affaires ou le nombre d'employés. Mais pour bien comprendre le phénomène ici, il vaut mieux souligner le caractère "familial" de la direction et de la philosophie d'entreprise. Cette philosophie prône par exemple l'importance du lieu traditionnel d'implantation ou encore le lien important avec le personnel. »

Pour expliquer pourquoi ce phénomène du *Mittelstand* est aussi prégnant dans la région du Bade-Wurtemberg, l'argument géographique pourrait entrer en compte. Longtemps située au cœur de l'Europe, la région bénéficie de la proximité avec le premier partenaire commercial de l'Allemagne, la France, mais aussi avec la Suisse, l'Autriche, le Luxembourg, et n'est pas très éloignée des Pays-Bas ou de l'Italie.

Markus Müller plonge dans l'histoire économique du pays pour trouver un autre argument : « Une des explications historiques à ce phénomène est liée au droit de succession dans la région. Celui-ci prévoyait une répartition à parts égales des terres entre les descendants, et non l'intégralité pour l'aîné, ce qui a évidemment provoqué une multiplication mais aussi une réduction de la taille des surfaces de chacun. À tel point qu'au XIXᵉ siècle beaucoup de familles possédaient des terres, mais pas assez pour en vivre. D'un côté, cela les incitait à rester sur place, de l'autre, elles devaient trouver une autre activité pour développer leurs revenus. À cette époque de la révolution industrielle, de très nombreuses entreprises se sont ainsi développées. »

LE REBOND APRÈS LA CRISE

Ces entreprises de taille moyenne sont souvent considérées comme le thermomètre de l'économie allemande. L'entreprise Feinmetall, spécialisée dans le développement et la construction de solutions de contact pour tester les composants électroniques, et installée à Herrenberg, près de Stuttgart, a perdu 42 % de son chiffre d'affaires en 2009. « Nous avions vu les premiers signes arriver dès septembre 2008 auprès de nos clients, explique Wolfgang Bürkle qui perpétue la tradition familiale à la tête de cette entreprise. Il y a eu une sorte de panique, des commandes ont très rapidement été annulées ou n'ont tout simplement plus été passées. Il n'y avait plus de nouveaux produits, donc pas de contrôle à effectuer pour nous. À cette époque, nous avons tout fait pour licencier le moins possible, notamment en utilisant les outils facilitant le temps partiel. »

Si la chute fut lourde en 2009, le rebond n'en a été que plus spectaculaire en 2010 et l'entreprise atteindra les 45 millions d'euros de chiffre d'affaires en 2014. L'analyse de Markus Müller correspond à cet exemple : « Les entreprises du *Mittelstand* sont très dépendantes de la situation économique mondiale, et quand il y a des crises comme ce fut le cas en 2008-2009, elles sont très fortement touchées. Mais elles ont aussi la possibilité de réagir plus rapidement et, à mon avis, de manière plus raisonnée. Une grande entreprise, cotée en Bourse, aurait tendance à baisser les coûts, c'est-à-dire bien souvent se séparer de ses employés, trouver une nouvelle orientation et recommencer. Les entreprises du *Mittelstand* tiennent à leur personnel et traversent ses crises avec eux. C'est donc le paradoxe du *Mittelstand* : il est plus sensible aux crises, mais il sert également de stabilisateur par sa réaction. »

MISER SUR LA FORMATION EN ALTERNANCE

Wolfgang Bürkle est beaucoup moins inquiet du ralentissement de l'économie allemande constaté au deuxième semestre 2014 : « Pour nous, il n'y a actuellement pas de signes d'une crise de la même ampleur. L'inquiétude est très exagérée. La croissance sera peut-être plus faible, mais elle est encore présente. »

Rainer Grill de l'entreprise Ziehl-Abegg est un peu plus prudent : « Le second semestre a clairement montré un ralentissement. Mais nous sommes très loin d'une crise, c'est plutôt la relance qui stagne un peu. Nous aurons sûrement encore une croissance du chiffre d'affaires de 7-8 %, ce n'est pas vraiment comme ça que nous définissons une crise. Mais nous ressentons les effets du conflit en Ukraine car nous avons un bureau en Ukraine et une usine en Russie. Cependant, le marché russe reste porteur, donc nous poursuivons nos investissements là-bas. »

Que ce soit à Feinmetall ou à Ziehl-Abegg, le défi numéro un est le manque de main-d'œuvre : « Il devient extrêmement difficile de trouver des ingénieurs, explique Wolfgang Bürkle, nous sommes en concurrence avec les grandes entreprises comme Bosch, et la tendance montre clairement que les salaires vont à la hausse. Il faut faire de plus en plus d'efforts pour convaincre les candidats. » Pour Rainer Grill, même tendance : « Nous faisons de la sensibilisation à la technique avec les plus jeunes dans les écoles de la région. Depuis 2011, les apprentis qui arrivent chez nous ont la garantie d'un contrat indéterminé à la fin de leur formation et nous faisons des présentations dans les universités à l'étranger, en Roumanie ou en Espagne. »

Pour remédier à ce problème, Markus Müller souligne particulièrement l'importance de ce fameux *duales system*, la formation en alternance : « Celle-ci est très importante pour ce genre d'entreprises, car elle permet de recruter très tôt du personnel spécifiquement qualifié. Quand les jeunes sont partis faire des études dans les grandes villes, il est compliqué de les faire revenir dans la province souabe. » ∎

SANS-ABRI : LES JOURNAUX DU CŒUR

Dans la Mönckebergstrasse de Hambourg, le luxe est présent à toutes les enseignes ou presque. Cette artère centrale de la vieille ville est noire de touristes quand viennent les fêtes de fin d'année. L'argent qui est consommé dans ses nombreuses boutiques est l'un des signes de la bonne santé économique de la ville et du pays. Cette ville d'Hambourg et son célèbre port forment une ville de commerce venant illustrer la réussite des exportations allemandes.

Cette médaille, cependant, a son revers, et celui-ci est flagrant à quelques hectomètres à peine de l'étincelante Mönckebergstrasse. Dans une petite cour de l'un des anciens bâtiments de la vieille ville, patiente une douzaine de sans-abri, une cigarette ou un café à la main. Plusieurs ont un chien à leurs pieds, qui semble aussi attendre patiemment et profiter des quelques rayons de soleil. Chacun sait ici à quel point les hivers dans la ville portuaire de Hambourg peuvent être douloureux quand la mer amène le vent et la pluie froide.

C'est ici que se trouvent les bureaux de *Hinz & Kunzt*, le journal des sans-abri à Hambourg. Le nom de ce magazine n'est pas dû au hasard. La tournure « Hinz und Kunz » (pour Heinrich et Konrad) signifie « n'importe qui, une personne lambda », comme les Français ont leur « Pierre, Paul ou Jacques ». L'écrivain Lessing fera de cette expression le titre de l'une de ses œuvres.

Dans la grande salle commune, les discussions vont bon train. Derrière le comptoir, Frank et ses tatouages au coin des yeux sert le café. Il est 10 h du matin et toutes les tables semblent occupées. « Vous auriez dû voir à l'heure du petit-déjeuner, raconte **Stephan Karrenbauer**, l'assistant social en charge du projet, c'est toujours plein. » Son bureau se trouve juste derrière le comptoir. D'ici, il a une vue d'ensemble sur l'espace d'accueil et ne manque pas de lever régulièrement les yeux pour s'assurer que tout se passe bien.

« ILS ONT BESOIN DE RÈGLES »

Hinz & Kunzt n'est pas une rédaction comme les autres. Si l'équipe éditoriale est composée de journalistes professionnels, les vendeurs sont des sans-abri. « Les sans-abri viennent nous voir et doivent avoir des documents des services sociaux, explique donc Stephan Karrenbauer. Ils reçoivent dix journaux comme capital de départ. Nous leur attribuons une place précise pour la vente, au début dans le centre-ville pour qu'ils soient à proximité en cas de problème. À partir du 11ᵉ, ils doivent payer eux-mêmes les journaux 90 centimes. Ils vendent les journaux 1,90 €, ce qui leur fait un euro par numéro. Les gens donnent souvent 2 euros, ou 2,50 euros. Nous ne reprenons pas de journaux ici, donc chacun doit décider. Ceux qui dorment dans la rue n'en prennent que deux ou trois. Ceux qui vivent désormais dans un appartement en prennent parfois jusqu'à 100. »

Pour les vendeurs, que tout le monde à Hambourg appelle les « *Künztler* » – un jeu de mots en références à « Künstler », qui signifie artistes – les règles sont strictes : pas de vente dans le métro, « même si c'est chaud et sec, on ne veut pas que les passants se sentent assaillis », pas de violence, pas de vente sous l'emprise de l'alcool ou de drogue. « Nos vendeurs ont besoin de règles, ça leur facilite la vie. » L'équipe d'*Hinz & Kunzt* propose également dans ses locaux à manger et à boire, « un peu de pain et de chaleur » comme disait Coluche, mais aussi des vêtements de rechange, fruits de dons.

Thomas est l'un de ces *Künztler*, assis à une table avec Jörg, tous les deux lisent la presse locale en buvant un café. Thomas a commencé à vendre des journaux dès 2001, à l'époque où il habitait encore dans un conteneur. « Après il y a eu une pause de dix ans, j'ai eu des problèmes de drogue et aussi avec mes nerfs qui ne font pas exactement ce que je voudrais. Maintenant je tente de recommencer ici du mieux possible. J'ai trouvé un appartement, mais c'est loin d'être une situation idéale. »

Thomas a retrouvé un lieu pour vendre ses journaux au Gänsemarkt, une des places centrales de la ville, mais est fier également de participer aux visites guidées organisées par *Hinz & Kunzt* : « Nous montrons à des petits groupes les stations importantes pour nous dans la ville, les foyers, etc. Souvent les gens nous voient dans la rue, mais ne savent pas quel destin nous avons eu. *Hinz & Kunzt* m'a beaucoup aidé quand j'en ai eu besoin. Aujourd'hui, j'essaye de rendre un peu la pareille avec ces visites guidées. »

LES FOYERS AFFICHENT COMPLET

Hinz & Kunzt fait désormais partie du paysage de la ville. Le mensuel se vend à 70 000 exemplaires par mois et plus de 500 vendeurs ont leur carte officielle de *Künztler*. Créé officiellement il y a trente ans par le président de l'organisation proche de l'Église protestante, Diakonie, le groupe *Hinz & Kunzt* a les moyens de pouvoir rester indépendant financièrement, grâce aux ventes et aux dons, et de s'attaquer directement aux problèmes des sans-abri. Et ceux-ci sont gigantesques.

Ici, pas question de parler de miracle économique à l'allemande, bien au contraire : « Il y a toujours plus de sans-abri dans la rue, déplore Stephan Karrenbauer. Lors du dernier recensement de 2007, il y avait 1 022 personnes sans appartement à Hambourg. Dans les dernières années, tous les foyers de jour sont pleins, nous sommes aussi complets. Nous sommes donc sûrement plus proches désormais des 2 000 personnes qui vivent dans la rue à Hambourg. À cela s'ajoutent à peu près 4 500 personnes sans appartement qui vivent dans des résidences, dans des chambres collectives. Enfin, il y a tous ceux qui sont en dehors des statistiques, qui vivent dans des caves, dans des greniers, à 6 ou 7 dans une chambre ou dans un studio. Ces gens-là nous disent : s'il vous plaît, pas de plainte, pas d'article, sinon on se retrouvera sans rien. »

Outre cette rapide augmentation du nombre des sans-abri, Stephan Karrenbauer a pu observer également l'arrivée massive de sans-abri étrangers dans les rues de Hambourg et donc dans les activités de *Hinz & Kunzt*, qui a dû fixer un quota maximum de 40 % d'étrangers parmi les vendeurs de journaux. « Depuis 3 ou 4 ans et la liberté de circulation en Europe, nous voyons arriver beaucoup de personnes, et même parfois des familles, ce qui est en soi aussi un phénomène nouveau, venues de Pologne, de Bulgarie, de Roumanie. Ils nous expliquent qu'ils n'ont absolument rien chez eux. Ils n'ont pas droit aux allocations, n'ont pas de soutien, alors nous nous sommes dit que nous allions les aider jusqu'à ce qu'ils trouvent leur place dans le système. »

L'illusion de jours meilleurs amène de nombreux Européens à venir tenter leur chance dans les grandes villes allemandes : « Nous avons à Hambourg beaucoup d'emplois, et cela est connu en Europe. Beaucoup se disent : avec le port entre autres, je vais forcément trouver un boulot. Beaucoup sont peu qualifiés et espèrent trouver quelque chose ici. Mais ce que Hambourg recherche, ce sont des gens très qualifiés. À cela s'ajoutent les Hambourgeois qui ont tout perdu à cause de dépression, de maladie, du chômage. »

BIEN LOIN DU MIRACLE ÉCONOMIQUE

Pour beaucoup des *Künztler*, même avec un taux de chômage au plus bas en Allemagne, l'horizon professionnel est encore lointain : « Ils disent : j'ai d'abord besoin d'un appartement, on verra pour la suite. Passer directement de la rue à un emploi régulier, travailler dans un bureau de 9 h à 17 h, pour la plupart d'entre eux, cela ne semble pas réalisable. La vente de journaux est alors un créneau adapté, ils ont leur place, leurs clients et ils occupent tout un tas de fonctions, par exemple devant les magasins : surveiller le chien, le vélo, etc. Et puis, la causette. C'est très important pour nombre de personnes âgées notamment qui viennent faire leurs courses. Quand on annonce que l'un de nos vendeurs est décédé, c'est une vraie tristesse pour bien des habitants qui le connaissaient. »

Les discussions sur la crise économique ou sur le rebond des entreprises allemandes sont donc bien loin des préoccupations quotidiennes de Stephan Karrenbauer et des vendeurs d'*Hinz & Kunzt* : « La crise économique a eu pour effet d'augmenter nos ventes. Parce qu'elle réveille des peurs : peut-être que, moi aussi, je me retrouverai à la rue. La plupart du temps, ces peurs ne sont pas réelles, mais les gens peuvent mieux comprendre ce que cela veut dire de chuter socialement. Aujourd'hui encore, les gens ont toujours peur de perdre leur emploi. Chacun sait que l'on doit avoir une très grande flexibilité au travail. Certains trouvent cela normal ; moi, personnellement, je ne peux pas m'en réjouir. Si en tant que banquier à Hambourg je ne trouve pas d'emploi, alors il faut aller chercher à Francfort, mais c'est tout le réseau social qui s'effondre. Ils ne voient leur partenaire et leurs enfants que le week-end, etc. C'est la même chose pour la multiplication des emplois sur projet. Comment construire une vie de famille quand on ne sait pas si on sera au chômage dans deux ans ? Ce sont des phénomènes de notre société qui sont malsains et que beaucoup de personnes ne peuvent pas supporter. » ∎

CHAPITRE IV

A CULTURE À LA RELANCE

UAND BERLIN RENCONTRE HOLLYWOOD

Martina Gedeck : une présence mais aussi une voix envoûtante reconnaissable entre mille. La filmographie de l'actrice allemande réunit des rôles de caractère, des femmes fortes, que ce soit au théâtre, à la télévision mais aussi évidemment au cinéma. Pour le public international, son personnage le plus connu est celui de Christa-Maria Sieland, une comédienne, compagne d'un réalisateur de théâtre espionné par la Stasi à l'époque de la RDA dans le film *Das Leben der Anderen (La Vie des autres)*. Sorti en 2006, cet opus du réalisateur Florian Henckel von Donnersmark a été un succès dans toute l'Europe et également aux États-Unis où il recevra l'Oscar du meilleur film étranger.

Cela n'est ni le premier ni le dernier grand succès de l'actrice, née à Munich en 1961 mais qui vit à Berlin depuis l'âge de 10 ans. En 2001 déjà, sa performance de chef cuisinière dans *Bella Martha (Chère Martha)* la fait entrer dans la cour des grands. Elle est très remarquée aux États-Unis, où le film a droit à un remake avec *No reservations (Le Goût de la vie)* et, cette fois, Catherine Zeta-Jones pour interprète.

Deux succès qui mettent la puce à l'oreille de Robert De Niro qui lui offre un rôle dans le film *The Good Sheperd (Raisons d'État)*. Elle côtoie également Jeremy Irons, Bruno Ganz et la star française Mélanie Laurent dans le film *Night Train to Lisbon (Train de nuit pour Lisbonne)* présenté en 2013 lors du festival du film de Berlin. Preuve de son aura dans la capitale allemande,

Martina Gedeck est présente aussi cette année-là avec un autre film à la Berlinale, *La Religieuse* de Guillaume Nicloux, où elle joue, en français, au côté d'Isabelle Huppert.

La France tient une place importante dans la filmographie de Martina Gedeck, notamment par son rôle dans l'adaptation du best-seller de Michel Houellebecq, *Les Particules élémentaires*, en 2006. En 2005, elle avait déjà côtoyé Antoine de Caunes et Carole Bouquet dans l'adaptation par François Girod du livre de l'auteur Martin Suter, *Un ami parfait*. Soucieuse de l'avenir de sa ville d'adoption, mais aussi de son pays, Martina Gedeck a également fait partie, lors du scrutin de 2010, des personnalités de la société civile choisies pour participer à l'Assemblée fédérale, l'organe politique qui élit le président de la République allemande.

L'actrice allemande a encore fait la une de l'actualité culturelle en novembre 2014 avec la diffusion sur la première chaîne allemande du téléfilm *Das Ende der Geduld*. Elle y incarne la juge des enfants Corinna Kleist au tribunal de Neukölln, un quartier difficile de Berlin. Derrière ce personnage se cache le tragique destin de la juge Kirsten Heisig qui s'est donné la mort en 2010 à Berlin.

Votre rôle récent dans le téléfilm *Das Ende der Geduld* est révélateur d'une particularité allemande : les grandes stars du cinéma, que ce soit vous, Til Schweiger ou Ulrich Tukur par exemple, n'hésitent pas à tourner pour la télévision. Quelle est votre approche du travail pour le petit écran ?

J'ai commencé par le théâtre à la fin des années 1980, au début des années 1990. Une époque où il n'y avait pas vraiment de cinéma allemand, il faut bien le reconnaître, à part peut-être quelques comédies. L'activité principale était alors la télévision parce qu'on pouvait y traiter des sujets de société actuels et atteindre un large public. Ma carrière cinématographique a surtout débuté à partir de 2001 avec *Bella Martha* et ensuite j'ai été beaucoup moins en contact avec la télévision. Mais cette expérience fait que je n'ai aucune appréhension vis-à-vis de la télévision. Je peux me permettre de choisir exactement ce que je veux et quand le sujet et le rôle m'intéressent, j'accepte les scénarios, aussi pour des téléfilms.

Plusieurs films allemands ont réussi à faire une carrière internationale ces dernières années, que ce soit *La Vie des autres*, *Good Bye Lenin* ou *La Chute*, est-ce le symbole de la bonne santé du cinéma allemand ?

Il y a plusieurs très grosses productions, comme c'est le cas par exemple de mon prochain film qui sortira à l'automne *Ich bin dann mal weg*. C'est l'adaptation d'un best-seller, il devrait attirer de nombreux spectateurs. Mais c'est extrêmement difficile pour les autres films. *Bella Martha* ou *La Vie des autres* par exemple ne sont absolument pas des grosses productions, tout le monde a accepté de travailler pour un cachet très faible.

Deux cents films allemands sont tournés par an, l'offre est extrêmement importante. Parmi ceux-là, beaucoup de films se font sans budget, ou sur fonds propres. Malheureusement beaucoup de ces œuvres disparaîtront aussitôt. Nous avons un cinéma d'auteur très fort en Allemagne, mais il est très mal soutenu. Regardez le dernier film de Wim Wenders *(Le Sel de la terre)*, il passe le midi ou l'après-midi ! Vous vous rendez compte pour un maître du cinéma comme lui ! Même les cinéastes les plus renommés doivent se battre et espérer que leur film reste plus d'une semaine sur les écrans. À quoi sert-il de faire des films excellents s'ils ne sont pas soutenus ?

Que préconisez-vous pour remédier à cette situation ?
Je souhaiterais une véritable force cinématographique allemande et européenne. Avoir une industrie cinématographique qui ait plus de pouvoir, comme le font très bien les Américains. Quand ils sortent des blockbusters comme *The Hunger Games* ou *L'Odysée de Pi*, pour ne prendre que ces exemples, les salles sont remplies. Je suis invitée toutes les semaines à ce genre de première, mais cela concerne très rarement des films européens et encore moins des films allemands.

Il serait notamment intéressant de regarder ce qui se passe en France et surtout l'obligation faite aux chaînes de télévision de programmer un certain quota de films français. Le public français connaît beaucoup de films et d'acteurs français parce qu'ils les ont vus à la télévision. En France, le public peut vraiment voir les longs-métrages, pas uniquement les téléfilms comme cela peut être le cas pour nous en Allemagne. Même des films qui ont remporté un grand succès lors de la Berlinale par exemple ne vont pas remplir les salles et vont être programmés au milieu de la nuit à la télévision.

Quelles évolutions remarquez-vous dans les scénarios qui vous sont proposés ?
L'évolution importante, c'est l'arrivée massive de coproductions internationales. Beaucoup de pays veulent travailler avec des producteurs allemands, parce que ceux-ci apportent de l'argent, que ce soit les Italiens, les Anglais, les Hongrois. Mon avantage est, dans ce cas, que je peux jouer dans plusieurs langues. J'ai tourné en Espagne, en Italie, en France, je me sens désormais

plus forte en tant qu'actrice européenne. Mais ce sont particulièrement les Américains qui viennent de plus en plus en Allemagne, même si nous, en tant qu'acteurs allemands, nous n'en profitons pas vraiment.

D'où vient ce phénomène ?

Il y a une évolution claire de l'image des Allemands dans le monde en général, et dans le cinéma en particulier. L'Allemand auparavant était un peu l'intouchable, on ne voulait pas travailler avec lui. Cette image a changé. Cela est dû au rôle de Berlin, une ville que tout le monde aime, à juste titre d'ailleurs. Il y a aussi en Allemagne une nouvelle génération, née après le Mur, plus orientée vers l'international, qui parle plusieurs langues. Cette évolution a éclaté au grand jour lors de la Coupe du monde de football en 2006. Ce moment-là a été clairement une césure. Aujourd'hui, cela semble normal de travailler dans de bonnes conditions avec les Allemands, notamment dans le milieu cinématographique. Ce n'était pas réellement le cas avant.

Malgré cette évolution, ce passé semble pourtant toujours coller à l'image des Allemands au cinéma. Rien qu'à la Berlinale 2014 étaient présents *Monuments Men* de Georges Clooney, *The Grand Budapest Hotel* de Wes Anderson et, dans un autre registre, *Diplomatie* de Völker Schlöndorff. Soixante-dix ans après la fin de la guerre, trois films de trois réalisateurs internationalement connus qui se déroulent pendant la Seconde Guerre mondiale.

Ce sera toujours comme cela, et plus particulièrement chez les Américains. La Seconde Guerre mondiale est un sujet de traumatisme que l'on peut toujours décliner sous un angle ou sous un autre. Pour un scénario, le contexte est exceptionnel : les gens se retrouvent dans une situation extrême où le bien et le mal se côtoient de très près. Mais ce qui m'intéresserait personnellement, c'est de voir les Américains s'attaquer plus en profondeur aussi à d'autres sujets historiques et politiques, comme les goulags ou encore la mort de la journaliste russe Anna Politovskaïa. Mais c'est évidemment beaucoup plus compliqué diplomatiquement. Quand un régime a disparu, c'est plus facile d'en parler, que ce soit dans le cas du régime nazi ou de la RDA.

Parmi les films allemands qui ont traversé les frontières ces dernières années : *Good Bye Lenin*, *La Vie des autres*, ou encore plus récemment *Barbara* de Christian Petzold et avec Nina Hoss : le contexte de la RDA semble effectivement plaire au public étranger.

Good Bye Lenin a lancé cette vague de films où on a pu parler de la RDA. Il est évident que cela intéresse le public car il découvre un monde qu'il ne connaît pas. Un monde clos, où l'homme se sent dépossédé de tout pouvoir. Ce sentiment de ne pas pouvoir déterminer le sens de sa vie est une menace que chacun peut sentir très distinctement. Dans ces films, il ne s'agit pas simplement de dire : voilà comment cela s'est passé en Allemagne. C'est aussi la preuve d'un sentiment d'impuissance envers une société qui nous dépasse, avec nos peurs. L'Allemagne sait très bien décrire les peurs, les Allemands se sont beaucoup penchés sur ce sujet. Un film comme *La Vie des autres* est arrivé au bon moment. L'idée de penser que l'on est espionné en permanence a forcément trouvé beaucoup d'écho dans le public international compte tenu des affaires que nous avons pu découvrir ces dernières années. Comment vivre avec le sentiment que je ne suis pas en liberté, que je ne décide pas de ma vie ? Je pense que c'est cette problématique qui a plu au public dans la perspective historique de ces films.

Quel rôle joue le festival du film de Berlin, qui se déroule chaque année au mois de février, pour le cinéma allemand ?
L'arrivée de Dieter Kosslick à la direction du festival a complètement changé la donne. C'est lui qui a insisté pour qu'il y ait plus de films allemands en compétition, ce qui n'était pas le cas avant. Au départ, c'était un pari risqué, mais c'est lui qui a mis en avant des réalisateurs allemands comme Christian Petzold et a permis de les faire connaître du public. Une section spécialement consacrée au cinéma allemand a aussi été créée. J'ai moi-même été membre du jury et j'ai présenté de nombreux films à Berlin. Pour les acteurs et les réalisateurs, c'est l'opportunité d'obtenir une médiatisation exceptionnelle. Qui plus est si le film est récompensé à la fin du festival.

Berlin est devenu également un des refuges privilégiés des stars d'Hollywood : George Clooney ou Matt Damon semblent presque y habiter, pas une semaine sans qu'un tournage ne se fasse dans les rues de la capitale. Comment expliquer cet attrait ?
J'apprécie beaucoup de voir Berlin dans les films, j'aime ma ville. Avant, c'était surtout Paris ou Rome, les villes romantiques. Mais Berlin est effectivement intéressante parce qu'elle n'est pas spécifique : on peut tout tourner à Berlin, il y aura toujours un lieu qui correspondra au genre souhaité. Je pense surtout que Berlin est une ville moderne, dans le sens où elle est marquée par l'histoire mais tournée vers le futur. Elle est donc un miroir de ce que nous sommes, de ce que le monde vit aujourd'hui. ∎

PROJETS CULTURELS, CHACUN CHERCHE SON CHÈQUE

Le fédéralisme allemand est autant une aubaine qu'un danger pour le financement de la culture en Allemagne. Chaque région possède une large offre culturelle, mais le budget de nombreuses communes est tellement dans le rouge que ces institutions culturelles se trouvent menacées. Entretien avec **Matthias Osterwold**, qui fut longtemps un acteur primordial de la scène culturelle berlinoise.

Seize régions et autant de politiques culturelles. En Allemagne, en effet, la culture ainsi que l'éducation sont le pré carré des puissants Länder qui possèdent beaucoup plus de compétences et de poids politique que les régions françaises. Selon les chiffres officiels de 2012, l'apport de l'État représentait moins de 15 % du budget allemand, le reste étant réparti à parts égales entre régions et communes. Grâce à la relative bonne santé économique du pays, les subventions de l'État fédéral pour la culture ont augmenté régulièrement ces dernières années, après une période de vaches maigres au début des années 2000, pour atteindre 1,23 milliard en 2014. Pour le domaine culturel, le fédéralisme allemand est, par certains côtés, une aubaine. Chaque capitale de région veut avoir son offre culturelle. L'Allemagne a ainsi un réseau extrêmement dense de théâtres municipaux, d'orchestres et d'opéras.

Mais avec le fort endettement de nombreuses communes, la plupart des institutions et programmes culturels doivent se battre au quotidien pour survivre financièrement. Matthias Osterwold connaît bien cette situation, lui qui a dirigé pendant treize ans le festival *MaerzMusik* à Berlin. Ce festival est une référence dans le domaine des musiques modernes autant qu'un laboratoire musical. Comme son nom l'indique, *MaerzMusik* accueille tous les ans, en mars, à Berlin, des artistes venus du monde entier. Sa dernière édition, consacrée au thème « *Nach Berlin – Nach Berlin* – Berlin comme aimant de l'immigration musicale », a accueilli pas moins de 15 000 visiteurs sur dix jours.

Pour Matthias Osterwold, il s'agissait, en 2014, de la dernière édition de *MaerzMusik* en tant que directeur. La France, à son tour, a profité de cette occasion pour lui rendre hommage en le nommant Officier des Arts et des Lettres. Avant de s'envoler vers l'Autriche, où il dirige également depuis 2013 le *Klangspuren – Tiroler Festival für neue Musik* à Innsbruck et dans les environs, il reçoit encore dans les locaux des *Berliner Festspiele* à l'ouest de Berlin. En cet après-midi de printemps, l'ambiance post-festival est relativement calme dans le foyer. Fort de sa longue expérience à Berlin et de sa liberté de s'exprimer, son avenir se jouant désormais sous d'autres cieux, Matthias Osterwold s'inquiète des menaces qui pèsent sur les lieux de culture en Allemagne.

Berlin est connue pour proposer une très riche palette d'événements culturels. Cette situation est-elle en danger au vu de l'endettement de la ville ?

L'histoire joue sur ce point un rôle important : la ville a évidemment été marquée par la séparation en deux au moment de la guerre froide. En Allemagne de l'Est, la culture était un domaine très important. Les entreprises devaient acheter les œuvres culturelles. Les orchestres, les théâtres étaient encore plus richement dotés qu'à l'Ouest. Notamment à Berlin-Est qui se devait d'être le centre culturel de la RDA. On retrouve, toujours, aujourd'hui, dans la culture et l'éducation, des doublons issus de la partition de la ville : les salles de théâtre, les universités, les académies des arts. Après la chute du Mur et le retour de la capitale à Berlin, le constat est sans appel : Berlin est en permanence endettée. Les plus grosses coupes budgétaires ont eu lieu à Berlin-Est. Les institutions de l'Est se sont retrouvées face à une très forte concurrence de l'Ouest, mais l'art est en danger dans les deux parties de la ville. D'où le fait que l'État se voie obligé de subventionner plusieurs manifestations, comme les *Berliner Festspiele*, qui regroupe de nombreux festivals de la ville, ou encore la création du fonds de financement pour la capitale, le *Hauptstadtkulturfonds*.

Votre festival est lié à ces *Berliner Festpiele*. Comment fonctionne cette structure ?

Lorsque Berlin est redevenue capitale allemande, l'État est venu en aide à la ville de Berlin, qui est une vitrine culturelle importante pour le pays, avec la création de l'organisme « Manifestations culturelles de l'État à Berlin » *(KBB – Kulturveranstaltungen des Bundes in Berlin)*. Cet organisme chapeaute non seulement le célèbre festival du film de Berlin *Berlinale*, mais aussi les *Berliner Festspiele* et donc notre propre festival, *MaerzMusik*. Ces dernières années, le budget total a été redistribué entre les différents festivals. Malheureusement *MaerzMusik* a dû subir des coupes drastiques dans son budget. J'ai évidemment été très en colère quand j'ai appris cela, surtout que cette nouvelle répartition n'était pas transparente. Mais il n'y avait pas grand-chose à faire. Lors des dernières années, 2012, 2013 et 2014, nous avons eu beaucoup de difficultés financières. Si cela avait duré plus longtemps, nous aurions dû trouver un autre format. Jusqu'à maintenant, j'ai réussi à surmonter les difficultés que nous avions, mais cela reste un combat chaque année.

Quelles sont les solutions de secours pour ce genre de projets culturels en cas de coupes financières ?

La recherche des fonds tiers est devenue incontournable. Dans notre cas, il y a deux grands fonds qui entrent en ligne de compte. Le premier est le *Hauptstadtkulturfonds*. Là encore, il s'agit d'un fonds alimenté à hauteur de 10 millions d'euros par an par l'État fédéral, qui subventionne les projets innovants à Berlin. Le second fonds est la *Kulturstiftung des Bundes*, lui aussi financé au niveau fédéral pour tous les arts et pour des projets particuliers avec un budget de 35 millions d'euros. Enfin, il y a des possibilités de financement par des coproductions et des coopérations, par exemple avec la scène théâtrale *Volksbühne*.

L'appel aux sponsors est-il également une solution ?

Pour la musique moderne, il est très difficile de trouver des sponsors, au contraire des arts plastiques qui peuvent toucher des sommes très conséquentes. Je n'ai personnellement pas de problème à m'adresser aux sponsors privés. Le poids des entreprises allemandes dans la culture en général est très fort, par le biais de leurs fondations. C'est le cas de la *Ernst von Siemens Musikstiftung*, qui est l'une des fondations les plus importantes au niveau international pour des projets musicaux. Et nous essayons aussi d'entrer en contact avec eux.

La recherche de fonds ne dévore-t-elle pas le temps nécessaire à la programmation artistique ?

Pour bénéficier de ces fonds, il faut construire un important réseau, cela demande beaucoup d'énergie, mais une fois que c'est lancé, cela peut très bien marcher. Dans notre cas, nous avons parfois doublé notre budget pour le festival grâce aux fonds tiers.

Dans quelles conditions économiques les artistes vivent-ils aujourd'hui dans la capitale allemande ?
L'avenir est effectivement menacé. J'ai rencontré beaucoup de musiciens et compositeurs extrêmement doués qui vivaient dans des situations déplorables. Ce n'est pas rare et ce n'est pas non plus tenable à la longue. Beaucoup d'artistes ont d'autres métiers, comme ce fut le cas dans les années 1970-1980 à New York. Beaucoup de musiciens tentent alors d'intégrer les orchestres où les rémunérations sont encore relativement bonnes. Dans notre festival, nous essayons évidemment de rémunérer les artistes à un niveau raisonnable. Il n'est pas question de profiter de ce précariat. Cela a des répercussions sur la qualité artistique. Et puis, nous sommes financés par de l'argent public. Les contrats que nous passons ne sont donc pas précaires.

La dernière édition de MaerzMusik présentait Berlin comme un « aimant pour l'immigration musicale ». Est-ce toujours le cas ?
Historiquement, Berlin est passée d'une situation isolée à celui d'aimant. Berlin voit encore actuellement une très grande arrivée d'artistes. Notre festival profite de cette image, car pour les artistes il est toujours très intéressant de se produire à Berlin. Berlin a le public le plus intéressé, le plus ouvert et le plus curieux. Nous travaillons beaucoup avec des noms inconnus du grand public.

Il y a beaucoup de substance, c'est un laboratoire culturel, et il y a de nombreux espaces libres où les artistes peuvent travailler et se produire. La sociologie et l'histoire de la ville font aussi qu'elle est différente des autres villes, ce qui la rend intéressante pour les artistes.

Cependant, ce n'est plus aussi détendu que cela pouvait l'être à une époque. Il y a aussi un embourgeoisement de la bohème berlinoise. Ce sont des symptômes objectifs qui montrent que Berlin se rapproche certainement de son zénith en ce qui concerne l'attractivité vis-à-vis des artistes. Les artistes commencent déjà à regarder vers d'autres villes : Istanbul, Shanghai, Mexico City par exemple ; c'est une population, en soi, qui est extrêmement mobile. Mais Berlin a encore quelques beaux jours devant elle.

Comment voyez-vous l'avenir des événements culturels en Allemagne ?

L'art et la culture ne sont pas au centre des préoccupations politiques. Partout, on tente de faire des économies. Les moyennes et petites communes sont les plus en danger. Le danger est grand aussi à Berlin, pour les salles d'opéra par exemple, notamment dû au fait que trois grands opéras et sept opéras symphoniques sont financés par l'État.

Pourtant la culture est l'un des biens économiques les plus importants pour Berlin. Évidemment, il y a des subventions de la part du Land Berlin, mais ces moyens ne suffisent absolument pas pour maintenir l'importance de Berlin sur la scène culturelle. Il faut faire en sorte que les artistes indépendants, et notamment la fameuse « *Freie Szene* » berlinoise, soient mieux servis. Lors de mise en place de projets par exemple, la réduction des budgets se ressent sur les cachets des artistes. ∎

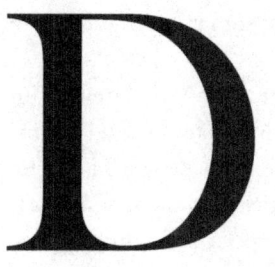

ORTMUNDER U, DÉFI CULTUREL AU PAYS DU FOOT

Ville d'industrie, ville de football, Dortmund tente également de faire valoir ses atouts culturels. En 2010, dans le cadre de la capitale européenne de la culture organisée dans la région de la Ruhr, est né le centre d'art et de la créativité Dortmunder U.

99

Les passagers arrivent en gare de Dortmund – et cela signifie un grand nombre un samedi sur deux pour assister aux matchs du célèbre club de football Borussia – ne peuvent pas louper ce bâtiment qui semble surgir de l'horizon du paysage industriel de la ville de la Ruhr, à l'ouest du pays. Le Dortmunder U tient son nom de l'énorme structure qui orne son toit. Une gigantesque lettre U jaune sur quatre côtés devenue l'un des symboles de la ville. Un U qui ne veut pas dire *U-Bahn* (métro) comme l'on pourrait le penser au premier abord, car c'est ainsi que se distingue le transport souterrain dans toutes les métropoles d'Allemagne. Non, un U qui veut dire *Union*, la marque de bière qui fut longtemps fabriquée dans ces murs.

Ce gigantesque colosse de béton se trouve à quelques pas à peine de la gare centrale de Dortmund. Les fenêtres qui ornent le dernier étage attirent tout de suite l'œil des passants. Et pour cause, s'y déplacent des ombres qui semblent se faufiler le long des vitres. Un défilé rythmé de silhouettes sorties d'une autre époque qui se déroule pendant plusieurs minutes. « Les images volantes – *Fliegende Bilder* », une des installations en mouvement de l'artiste Adolf Winkelmann qui animent en permanence ce bâtiment.

Pour y parvenir, les visiteurs devront passer à pied devant un énorme chantier. Celui-ci devrait aboutir à l'été 2015 à l'ouverture du musée national du Football. Ce n'est donc ni à Berlin ni à Munich que celui-ci ouvrira ses portes, mais bien à Dortmund, ville connue dans toute l'Europe pour son équipe jaune et noire. La fierté de la ville, son titre de champion d'Europe en 1997, son stade, le Signal Iduna Park qui accueille près de 80 000 personnes en moyenne et notamment le fameux « Mur jaune », l'une des tribunes les plus connues de toute l'Europe.

ACIER, BIÈRE, CHARBON :
LES PILIERS DE LA VILLE DISPARAISSENT

Football mais aussi le triptyque ABC – acier, bière, charbon –, voici ce qui a défini pendant de longues années le quotidien de cette ville industrielle de la Ruhr. « À une époque, il y avait six brasseries indépendantes à Dortmund qui était véritablement une ville de bière, explique **Kurt Eichler** qui dirige le Dortmunder U. Le bâtiment qui accueille aujourd'hui le Dortmunder U a été construit pour la brasserie de la Dortmunder Union dans les années 1920. Celle-ci fut à une époque la plus grande brasserie de tout le pays. Le fameux U sur le toit a été installé dans les années 1960 et le bâtiment est ainsi définitivement devenu l'un des symboles de la ville, un phare au milieu de la cité. »

Mais la crise industrielle touche de plein fouet l'ensemble de la région de la Ruhr. Les trois secteurs, piliers de la ville, voient leurs activités drastiquement diminuer. Même le club de football se retrouve en crise au début des années 2000 après une entrée en Bourse catastrophique. Le monde des brasseries connaît un phénomène de concentration sans précédent et la marque Union est rachetée, son bâtiment et son gigantesque U se retrouvent à l'abandon.

Une situation typique dans cette région de la Ruhr qui fut capitale européenne de la culture en 2010 avec la devise : « Changement par la structure. Structure par le changement. » « Il y avait déjà dès 1998 des initiatives pour rétablir ce bâtiment, et notamment depuis 2000 avec le musée d'art contemporain Ostwall, raconte Kurt Eichler. L'idée était de réunir plusieurs partenaires au sein de ce bâtiment. L'autorisation a été accordée en 2008 et nous avons pu ouvrir en 2010, au cours de l'année de la capitale européenne donc. Plusieurs autres bâtiments industriels réhabilités, comme le Zollverein ou le Gasometer, existaient avant 2010, le Dortmunder U est né tout spécialement pour cet événement. » Une naissance qui ne s'est donc pas faite sans difficulté et le dépassement du budget initial continue de faire les titres de la presse régionale. En 2014, le Dortmunder U a cependant accueilli plus de 122 000 visiteurs, son meilleur chiffre depuis l'ouverture.

« NOUS NE SOMMES PAS BERLIN OU PARIS »

Le musée Ostwall, consacré à l'art du XXe siècle à nos jours, déménage donc dans l'enceinte du Dortmunder U. Ce musée se veut comme une « centrale », un espace de production où les spectateurs sont partie prenante de la production artistique. Comme le montre le hall d'entrée dont le mur principal est décoré de plusieurs centaines de portraits de visiteurs de musée. Autour du musée Ostwall se retrouvent donc plusieurs partenaires au sein de ce bâtiment rénové, dont l'association d'organisation d'événements culturels Hartware MedienKunstVerein ou encore des annexes de l'université de Dortmund.

L'ensemble a pour objectif de former un « centre d'art et de créativité ». Tous les acteurs sont cependant conscients que la tâche est ardue dans une ville comme Dortmund. Et pas seulement parce que les caisses des communes et des régions sont vides : « Il n'y a pas vraiment de touristes à Dortmund. Nous ne sommes pas Berlin ou Paris, où les touristes viennent pour la ville et se décident à aller au musée. De même pour les fans de foot qui viennent ici en masse. Cela reste deux mondes différents, même si nous essayons de bâtir des ponts, notamment actuellement avec une exposition photo sur le foot. Nous devons travailler ici différemment des grands musées. Il faut aller dans les quartiers pour faire des séances de présentation, sur les marchés, travailler avec les écoles des alentours. » Cette dernière mission est la spécialité du « U2 ». Là encore, il ne s'agit ni d'une ligne de métro ni d'un célèbre groupe de musique irlandais, mais bien du 2e étage du bâtiment consacré entièrement aux plus jeunes. Mechtild Eichkoff dirige ce projet qui voit les « enfants comme producteurs de culture. Nous travaillons avec des écoles de tous les milieux, ce qui nous permet d'atteindre un public qui ne viendrait pas sinon. Donner des possibilités aux enfants de s'exprimer peut évidemment leur ouvrir de nouvelles possibilités. Ils viennent, puis reviennent avec leurs parents. Et vous pouvez être sûrs que, à chaque production d'un groupe, il y aura forcément une ou plusieurs allusions au Borussia Dortmund ». Pari gagné, la mini-exposition composée de sculptures sur bois présente l'emblème de l'équipe de Dortmund. Mais aussi celui du club rival, Schalke 04.

« TRAVAILLER À DORTMUND, UN DÉFI PERSONNEL »

Le constat des difficultés, trouver les budgets et attirer le public, est le même pour Inke Arns, directrice artistique de l'association

Hartware MedienKunstVerein. Celle-ci s'est installée au troisième étage du Dortmunder U au printemps 2010 alors que le bâtiment était encore en travaux. Les cartons sont encore de sortie, mais cette fois pour préparer l'exposition « *Jetzt helfe ich mir selbst* – Maintenant, je m'aide moi-même » qui proposera sur cent écrans les cent meilleurs tutoriels trouvés sur Internet.

« Notre association avait déjà une solide réputation dans le monde de l'art contemporain, mais le fait de pouvoir profiter du label de la Ruhr 2010 et de s'installer plus près du centre-ville nous a évidemment permis de gagner en visibilité. Cependant, parfois, on regarde avec envie ce qui se passe à Berlin où des expositions marchent sans même faire de publicité. Il y a ici, comme ailleurs, une sorte de blocage vis-à-vis de l'art contemporain. C'est pour cela que nous cherchons des thèmes pour nos expositions qui soient concrets, qui touchent le public. Nous avons notamment traité, ces dernières années, du pétrole, des droits d'auteur ou du changement climatique. Mais pour moi, c'est un défi personnel que de travailler ici à Dortmund. À Berlin, je serais restée dans ma bulle, ici j'ai énormément appris. Et, qui sait, comment et vers quelles villes va évoluer la scène artistique en Allemagne ? Un jour, nous pourrons dire : Nous étions déjà là, à Dortmund ! » ■

P OETRY SLAM, AU NOUVEAU PAYS DES POÈTES ET PENSEURS

Les rencontres de *poetry slam* font régulièrement salle comble en Allemagne. Des performances littéraires et scéniques qui donnent une nouvelle vie à la langue de

Goethe et de Schiller, faisant de l'Allemagne la scène la plus active d'Europe.

« Un dix, un autre dix, et encore un dix » s'égosille Christian Meyer, le présentateur de cette soirée. Le jury vient de donner son verdict et l'ambiance est à son comble dans la salle remplie du Alter Schlachthof à Dresde. Ce soir d'octobre, neuf slameurs s'affrontent lors de la finale du championnat des pays germanophones de *poetry slam*. Ces neuf heureux élus sont ceux qui ont réussi à s'extraire d'une longue semaine de qualification parmi les candidats ayant eux-mêmes été choisis dans leurs clubs locaux partout en Allemagne, en Suisse, en Autriche et au Luxembourg. Autant dire : c'est la crème de la crème du slam germanophone qui est réunie ce soir-là à Dresde.

Cette *standing ovation* et ces notes parfaites attribuées par le jury, elles sont dédiées à Lars Ruppel, l'avant-dernier concurrent en lice, vice-champion d'Allemagne en 2013 et qui vient de mettre le public dans sa poche avec la présentation de son texte *Alter Schwede*. Parti de cette expression allemande pour le moins intraduisible, il a bâti une fantaisiste histoire d'un vieux bûcheron suédois parti construire, nu, une étagère dans la neige et dont le travail sera ensorcelé par une méchante fée (toute allusion à une grande marque scandinave de meubles n'est pas du tout fortuite). Conquis, le public a déjà choisi son vainqueur. Enfin la consécration pour l'une des stars du *poetry slam* allemand. Lars Ruppel, ne remporte pas un centime pour cela mais ramène à la maison le trophée officiel en forme de tire-bouchon et une canne sur laquelle sont gravés les noms des vainqueurs des 17 dernières années.

5 MINUTES. TEXTE ORIGINAL. PAS D'ACCESSOIRE

« Qui vient pour la première fois à un *poetry slam* ? » avait demandé le maître de cérémonie Christian Meyer en début de soirée. Sur les centaines de spectateurs présents, seuls quelques-uns lèvent la main. Un public de connaisseurs donc. Cependant, comme à chaque fois, les règles de base sont tout de même rappelées : chaque concurrent a cinq minutes pour présenter un texte de sa composition. Aucun accessoire n'est autorisé, cela signifie également : pas de musique. À la fin, ce sont 12 personnes prises au hasard dans le public qui attribuent des notes aux performances. Ce jury d'un jour décide ainsi de la qualification ou du titre de champion. Ces règles simples et immuables et un esprit de compétition bon enfant font le charme du *poetry slam*.

« Chacun sait bien que ce n'est pas toujours le meilleur qui gagne, explique modestement Lars Ruppel. Dans le *poetry slam*, la victoire n'est pas mise en avant. Évidemment, lors des championnats d'Allemagne, tout est plus médiatisé, donc cela permet une meilleure visibilité. »

Le tout nouveau champion fait partie des slameurs qui vivent de leur art. Cette évolution va de pair avec la professionnalisation de ce milieu. Lars Ruppel est présent sur près de 250 manifestations par an : « Le quotidien, c'est beaucoup de voyages à travers le pays évidemment, pendant lesquels on a aussi le temps de travailler des textes. Des sessions de slam à organiser et des ateliers de travail avec des écoles. »

En effet, le *poetry slam* s'invite de plus en plus dans les programmes scolaires allemands, et Lars Ruppel travaille également avec des personnes atteintes de la maladie d'Alzheimer : « Nous préparons des textes avec des jeunes qui rencontrent ensuite ces personnes âgées. Ce travail avec la langue allemande les touche souvent beaucoup, parfois jusqu'aux larmes, certains récitent avec les jeunes les textes classiques qu'ils connaissent.»

Les slameurs conquièrent également les libraires. Lars Ruppel a publié dix de ses poèmes sur les expressions allemandes sous le titre *Holger die Waldfee*. Marc-Uwe Kling, l'un des plus célèbres ambassadeurs du *poetry slam*, double champion d'Allemagne de slam en 2006 et 2007, a remporté un fracassant succès auprès des lecteurs et de la critique avec sa trilogie des « Chroniques du Kangourou ».

LE SLAM S'ÉLARGIT AU-DELÀ DU MILIEU ÉTUDIANT

Si ces slameurs ont autant de succès aujourd'hui, ils le doivent entre autres à Wolf Hogekamp, celui qui a importé le *poetry slam* en Allemagne au début des années 1990. « Nous avions l'habitude de rencontrer des comédiens américains qui jouaient Shakespeare sur une scène de la ville dans un bar à Berlin, raconte-t-il. Le soir, pour s'amuser, ils commençaient à lire d'autres textes dans ce bar underground. L'idée est venue d'institutionnaliser le tout avec un jury, comme cela se faisait déjà avec le *poetry slam* aux États-Unis. Le *poetry slam* se rapproche de la littérature scénique et peut être comparé au cabaret, mais c'est plus loin du rap ou du hip-hop. 1994 fut la première année où nous avons mis en place régulièrement ces performances. Au tout début, j'étais le seul à présenter mes textes en allemand, tous les autres étaient en anglais. »

Le succès est au rendez-vous, surtout dans les milieux estudiantins, mais le public s'élargit à fur et à mesure que la scène allemande se développe. « Les slameurs allemands sont arrivés rapidement, tous les gens qui aiment jouer avec leur langage, les étudiants, ceux qui travaillent dans les médias mais aussi des chanteurs qui voulaient présenter simplement leur texte. L'avantage du *poetry slam* est que tu sais exactement au moment de quitter la scène si ton texte a provoqué quelque chose chez le public ou pas. »

L'explosion de la notoriété du *poetry slam* est liée de près à celle d'Internet : « Quand j'ai lancé le premier championnat allemand, seules quatre villes ont participé et j'ai envoyé les invitations par la poste. Aujourd'hui, tout fonctionne plus rapidement par mail, par les réseaux sociaux. Le milieu du *poetry slam* reste un grand cercle d'amis où chacun se connaît. La notion de réseau est très importante pour savoir qui inviter à quelle présentation, etc. »

Résultat de cette évolution : à Dresde, toutes les dates du championnat ont fait salle comble. Les finales ont été retransmises à la télévision en direct et les résultats ont été présentés le soir même sur *Spiegel Online*, l'un des sites d'information le plus lu en Allemagne. « La situation telle qu'elle est aujourd'hui est idéale, explique Wolf Hogekamp. Si on veut jouer devant des publics plus larges, on perd de l'atmosphère et le lien avec le public. Ce qui pourrait se développer dans le futur, ce sont des formats comme "Dead or Alive". Ce principe oppose d'anciens poètes, c'est-à-dire des slameurs, souvent déguisés, qui lisent des textes classiques, à des slameurs actuels qui présentent leurs propres textes. Cela pourrait donner par exemple Lars Ruppel contre Friedrich Schiller. Et le public décide qui l'emporte. »

Avec près d'une centaine de slameurs qui vivent de leur activité, selon l'estimation de Wolf Hogekamp, et des sessions plusieurs fois par semaine dans les grandes villes du pays, la scène allemande du *poetry slam* est clairement la plus avancée sur le continent européen, derrière les États-Unis certes, « mais devant l'Angleterre où c'est plus le *stand-up* qui est pratiqué » ou la France : « Grand Corps Malade par exemple vient aussi du *poetry slam* auquel il est très attaché. Mais cette utilisation de la musique pour accompagner le slam, qui a eu beaucoup de succès pour le cas français, n'existe que très peu en Allemagne. »

Ce succès indéniable outre-Rhin signifie également un renouveau pour la langue allemande : « Dans les ateliers que je fais, je conseille notamment d'écrire ses textes à la main, que ce soit ses lettres, ou même les journaux intimes. Ce processus mécanique permet de mieux appréhender la langue. Nous sommes dans une société de l'information et l'importance de la langue grandit également. Plus les jeunes apprennent à se servir et à jouer avec les langues, plus ils auront de facilité ensuite à pouvoir exprimer leur point de vue. » ■

CHAPITRE V

ES DÉFIS DE L'AVENIR ALLEMAND

E CLIMAT N'EST PLUS UN SUJET BRÛLANT

Écolos, les Allemands ? Ceux-ci ne sont pas à un paradoxe près. D'un côté, une tradition du vélo qui impressionne dans des villes comme Münster ou même Berlin. De l'autre, une forte industrie automobile privilégiant les grosses cylindrées qui peuvent profiter de l'absence de limitation de vitesse sur de nombreuses autoroutes. D'un côté, des énergies renouvelables en plein boom depuis le passage des Verts au gouvernement, de l'autre, l'industrie du charbon en pleine renaissance ces dernières années qui empêchera très certainement l'Allemagne de tenir ses promesses de réduction des émissions de CO_2.

L'époque est révolue où la chancelière Angela Merkel se présentait en manteau rouge devant la banquise et se voulait la « chancelière du climat ». Au niveau européen, le système d'échange de quotas d'émission de gaz à effet de serre a perdu de sa crédibilité à cause d'un prix du CO_2 qui s'est écroulé. Une situation que ne peut que déplorer le professeur **Ottmar Edenhofer**, l'un des plus éminents climatologues de la planète, directeur de l'Institut de Potsdam pour la recherche sur l'impact climatique et du Mercator Research Institute on Global Commons and Climate Change. Ce Bavarois d'origine est aussi l'un des membres de haut rang du Groupement d'experts intergouvernemental sur l'évolution du climat (GIEC) qui a publié en novembre 2014 la synthèse de son cinquième rapport.

Vous étiez le coordinateur du troisième groupe de travail lors des travaux du GIEC. Quelles sont les conclusions de ces trois groupes de travail ?

Le premier rappelle de manière claire que l'homme est principalement à l'origine de l'augmentation globale de la température, à travers l'utilisation du charbon, du pétrole, du gaz et en raison de la déforestation. Le deuxième groupe souligne que les conséquences d'un changement climatique incontrôlé sont irréversibles. Le volume de CO_2 que nous émettrons dans la première moitié de ce siècle est décisif pour la protection du climat, son coût et les risques que cela entraîne. Enfin le troisième groupe de travail a montré que pour limiter l'augmentation de la température de seulement 2 °C, nous devons réduire très fortement nos émissions de CO_2 dans les prochaines décennies, ce qui n'est encore jamais arrivé dans l'histoire. Pour cela, nous avons besoin urgemment d'un bouquet énergétique et technologique qui s'appuie principalement sur les énergies renouvelables, la capture de carbone, la biomasse et dans certains cas du nucléaire. Selon nos calculs, les investissements nécessaires ne coûteraient jusqu'en 2100 que 0,06 % du PIB mondial.

L'objectif de limiter l'augmentation de la température de 2 °C peut-il encore être atteint ?

Oui, mais c'est très ambitieux…

…Très ambitieux ou irréaliste ?

Très ambitieux, moins pour des raisons techniques que politiques. Il nous faut pour cela rapidement une coopération internationale. Nous avons également besoin d'une tarification du CO_2, soit par un impôt soit par un marché des quotas d'émissions qui fonctionne. Ce n'est pas le rôle du GIEC d'évaluer si les politiques veulent atteindre cet objectif ou pas. Nous pouvons seulement dire : en principe, c'est possible. Nous conseillons les politiques, mais en tant que scientifiques nous ne sommes pas les décideurs. L'objectif est très ambitieux et le succès dépendra aussi de ce qui sera décidé lors de la Conférence sur le climat en décembre 2015 à Paris.

Comment voyez-vous justement ce rôle de conseiller, d'intermédiaire entre le monde de la recherche et la sphère politique ?

Le scientifique est comme un cartographe, qui explore plusieurs routes, les dessine et explique au navigateur – dans notre cas aux politiques – quels sont les coûts et les risques des différentes routes. Le rôle de la science cesse au moment où la carte est finie. La production de la carte est, de mon point de vue, une tâche strictement scientifique basée sur de hautes exigences méthodologiques. Les décisions que prend ensuite le navigateur relèvent de sa propre responsabilité. Le scientifique n'a alors plus de position privilégiée. Il peut certes participer au débat, mais comme tous les autres. Les cartographes ne doivent en aucun cas dévier vers un rôle de remplaçant du navigateur. Ceci est décisif dans la répartition des rôles entre la science et la politique.

Vous avez évoqué la prochaine grande échéance avec la Conférence sur le climat fin 2015 en France. Que doit-on en attendre ?

Il ne faut pas mettre la barre trop haut. Je ne pense pas que nous aurons une percée importante à Paris. Mais ce ne serait pas non plus la fin du monde. En tout cas, si nous pouvons être sûrs dans le même temps que de nombreux pays veulent appliquer une politique climatique ambitieuse et que nous nous orientons vers une tarification du CO_2, la fenêtre de temps pour une politique climatique efficace est encore ouverte. Si nous réussissons à créer jusqu'en 2030 les institutions pour une politique climatique internationale, alors nous pourrons encore atteindre l'objectif des 2 °C à un coût acceptable. Cependant, cela n'est absolument pas un blanc-seing pour ne rien faire. Les difficultés augmentent à mesure que nous perdons du temps.

Que peut-on imaginer une fois que cette fenêtre de temps sera fermée ? Faudra-t-il alors vraiment craindre la fin du monde ?

Il ne s'agit pas de parler de fin du monde, mais de savoir ce que l'humanité juge supportable pour son avenir. Pour moi, il est déjà primordial de savoir si le coût des conséquences du changement climatique est moralement acceptable. Car, à partir du moment où nous provoquons avec le changement climatique d'importants flux de migrations, cela va entraîner beaucoup de souffrances. Nous avons le devoir d'utiliser nos possibilités techniques afin de minimiser la souffrance due au changement climatique. Il ne s'agit pas de fin du monde, mais d'une augmentation de la pression migratoire, d'un accès plus difficile aux denrées alimentaires, d'une augmentation de la faim dans le monde, ce qui va influencer la vie de nombreuses personnes sur terre. Que voulons-nous pour les générations futures ? Nous devons limiter le changement climatique de telle sorte qu'il puisse être combattu dans des conditions acceptables.

Quel est le rôle de l'Allemagne dans ce combat ? Celle-ci a souvent été présentée comme pionnière dans les domaines écologique et climatique. Cependant, l'Allemagne n'a pas réduit ses émissions de CO_2 ces deux dernières années, elle les a même augmentées.

L'augmentation des émissions de CO_2 en Allemagne est due à une transition énergétique qui a été mal gérée. Au moment de la sortie du nucléaire, la question a été de savoir si cette décision était tenable économiquement et climatiquement. Notre analyse à l'époque a été de dire : oui, c'est possible, à deux conditions. Premièrement, qu'il existe un prix du CO_2 qui soit crédible, ce qui signalerait que la construction de centrales à charbon n'est pas rentable. Deuxièmement, que le prix de l'électricité n'augmente que très peu.

La réalité a été tout autre : les progrès de l'énergie solaire photovoltaïque ont été bien plus rapides que prévu, ce qui a provoqué sa très forte expansion. Les centrales à gaz n'ont plus été rentables et, de plus en plus, on a investi dans le charbon. C'est ainsi que les émissions ont augmenté. Si nous avions eu un prix du CO_2 plus crédible que ce n'est le cas actuellement, le signal aurait été plus clair pour les investisseurs : le charbon n'est pas la bonne voie pour servir de back-up aux énergies renouvelables. Au lieu de cela, nous assistons en Allemagne, comme dans le monde entier, à la plus grande renaissance du charbon dans l'histoire industrielle. Partout dans le monde, le charbon est et restera rentable.

Cette décision définitive de sortie du nucléaire en Allemagne a eu lieu après la catastrophe de Fukushima. Pour réduire les émissions de CO_2, est-ce qu'une prolongation du nucléaire est imaginable ?

Absolument pas. Techniquement et économiquement, ce serait possible. Et cela pourrait faciliter les objectifs de la politique climatique. Mais la politique allemande s'est fait un devoir de sortir du nucléaire ; l'Allemagne peut certes choisir cette voie sans nucléaire mais, pour cela, elle devrait contribuer à réformer le marché des quotas d'émission de CO_2. Sans une tarification du CO_2, la transition énergétique va échouer. Et je pense aussi que cela a été une erreur d'arrêter d'investir dans les technologies de capture de carbone.

L'intérêt de la société allemande pour les questions de politique climatique semble cependant en régression.

C'est vrai, à première vue. Les conséquences futures du changement climatique sont abstraites, surtout si elles concernent l'Afrique ou l'Asie. Et cela reste abstrait aussi pour un homme politique de montrer que c'est un succès de baisser les émissions de CO_2. C'est bien plus facile pour lui d'ouvrir un parc éolien ou de rendre ses concitoyens heureux avec une installation photovoltaïque sur les toits. Le marché des quotas d'émissions ne va pas soulever les foules, c'est un instrument relativement bureaucratique. Mais on pourrait vendre les certificats de CO_2 aux enchères et investir les recettes pour les infrastructures, en Grèce par exemple, dans les énergies renouvelables. Ou alors utiliser les gains pour réduire la dette. Politiquement, il s'agit de montrer à tous que l'on peut investir utilement ces recettes. Pour chacun, des avantages à court terme doivent pouvoir aussi être visibles.

Mais nos sociétés sont-elles prêtes à en payer le prix et à renoncer ainsi à une part de leur confort ?

C'est le débat public que nous devons conduire. L'économie peut continuer à croître avec une politique climatique efficace. Dans une phase de transition, les secteurs, produits et comportements très consommateurs de CO_2 vont devenir plus chers. Donc, un impôt sur le CO_2 n'est effectivement pas un argument de campagne avec lequel on devient chancelier. Mais je suis convaincu que l'on pourrait introduire cet impôt sans risquer sa carrière politique. Nous devons montrer que notre génération vit depuis longtemps aux dépens des prochaines. C'est clair pour chacun et les politiques devront répondre à ce défi. C'est le cas pour la politique climatique, mais c'est la même chose pour la question des retraites ou des dettes publiques. Si nous, la génération des baby-boomers, nous décidons de laisser la planète se vider de sa substance, alors nous avons été de mauvais entrepreneurs et de mauvais gestionnaires. Nous devrions porter la question de la justice entre les générations au cœur du débat politique.

Vous expliquez que les conséquences du changement climatique restent abstraites pour les Allemands, mais à quel moment se feront-elles sentir en Allemagne ?
L'Allemagne ne peut pas sauver seule le climat mondial, et elle ne va pas non plus être le pays qui souffrira le plus du changement climatique. Comparée à la région de la Méditerranée ou à l'Afrique, l'Allemagne est dans une position encore très confortable. Ce serait une erreur de s'imaginer que la cathédrale de Cologne va bientôt être noyée sous les eaux. Mais il s'agit de la planète dans sa globalité. Si nous voulons résoudre les grands défis du XXIe siècle, alors nous devons coopérer au niveau international sur les problèmes fondamentaux, que ce soit les pandémies, les questions de politique de sécurité aussi bien que sur celles liées au changement climatique. ■

UELLE EUROPE SOUHAITENT LES ALLEMANDS ?

La crise financière européenne a placé l'avenir de l'Union européenne au cœur du débat politique allemand. L'Allemagne, par sa taille et sa relative bonne santé économique, joue indéniablement le rôle de moteur de la zone euro. Cependant, de nombreuses voix se sont élevées pour remettre en question la politique d'aide aux pays en crise. Le tout nouveau parti eurosceptique Alternative für Deutschland (AfD) a ainsi réussi une percée lors des dernières élections européennes de mai 2014 en atteignant 7 % des voix, et a dépassé à trois reprises les 10 % lors d'élections régionales dans l'est du pays. Il a également réussi à dépasser la barre fatidique des 5 % lors des dernières élections régionales à Hambourg en février 2015. Remettant en cause l'existence de la zone euro, ce nouveau groupe politique a su convaincre, entre autres, les déçus de la CDU d'Angela Merkel et du parti libéral FDP.

La présence au pouvoir de la grande coalition entre la CDU d'Angela Merkel et les socio-démocrates assure la continuité pro-européenne du gouvernement allemand. Cependant, l'Allemagne est sous la pression de ses partenaires pour envoyer des signaux forts concernant l'avenir de l'Union européenne. En amont des élections européennes de 2014, onze intellectuels allemands de divers horizons disciplinaires et politiques, réunis sous le nom de Glienicke Gruppe (le Groupe de Glienicke, Glienicke étant une ville proche de Berlin où s'est réuni ce groupe de travail), ont publié un manifeste prônant un approfondissement des relations au sein de la zone euro, passant notamment par un nouveau traité concernant les membres de cette Union économique. **Jakob von Weizsäcker** est, avec Maximilian Steinbeis, à l'origine de ce manifeste. Petit-neveu de l'ancien président de la République allemande Richard von Weizsäcker (l'ancien maire de Berlin, qui a présidé l'Allemagne de 1984 à 1994, est décédé en janvier 2015), il est économiste de formation. Il a été élu député au Parlement européen sur les listes du SPD lors du scrutin européen 2014.

Comment jugez-vous la montée d'une vague de partis eurosceptiques lors des dernières élections européennes, y compris en Allemagne avec l'arrivée de l'AfD ?

Sur l'ensemble de l'Europe, les succès conséquents des forces politiques radicales sont évidemment regrettables. Mais il est à noter que ce n'est pas vraiment le cas dans les pays touchés par la crise de l'euro. Dans le cas de la France, les problèmes ne sont pas en premier lieu liés à la crise de l'euro, de même en Grande-Bretagne avec le parti UKIP qui se base sur une position isolationniste. Par rapport à ces pays, le résultat des eurosceptiques en Allemagne est faible, mais non négligeable. Cela marque l'apparition d'une nouvelle force politique à droite avec l'AfD, un parti extrêmement critique vis-à-vis de l'euro. C'est une évolution que je regrette, comme je regrette la décision du Tribunal constitutionnel allemand, qui a supprimé la clause des 5 % dans le mode de scrutin européen, ce qui a amené le parti d'extrême-droite NPD à être présent au Parlement européen.

En quoi cela peut-il influencer la politique européenne de l'Allemagne ?

Pour l'Allemagne, il est très inhabituel qu'un parti placé à droite de l'Union chrétienne-démocrate rencontre un tel succès. Ce vote ne s'est pas fait seulement sur des questions économiques. L'AfD va chercher les voix dans des viviers de chrétiens fondamentaux et nationalistes. Cependant, malgré leur montée, les partis radicaux sont loin de pouvoir former une minorité de blocage au Parlement européen. Il n'est pas nécessaire, en ce qui me concerne, de travailler avec l'AfD pour trouver des majorités au Parlement. Je vois un peu ce résultat électoral comme celui du *Tea Party* aux États-Unis. Le *Tea Party* est loin de représenter une majorité des Américains, ni des Républicains d'ailleurs, mais ils ont empoisonné le débat. Et je crains que des partis comme l'AfD n'empoisonnent les débats au Parlement européen.

Ces résultats sont-ils liés au fait que les Allemands auraient le sentiment d'avoir réussi à passer complètement au travers de la crise financière européenne ?

L'Allemagne n'a certes pas été touchée par la crise de l'euro comme ont pu l'être d'autres pays. C'est une donnée objective. Cependant, les Allemands sont conscients que nous ne pouvons pas vivre en Europe sur une île, à l'abri des problèmes. Il est clair que la santé de l'Allemagne dépend de la situation des autres pays. La majorité des Allemands le sait. Il est donc évident que nous devons veiller à ce que l'Europe continue à aller de l'avant. Cependant, la pression à agir, la prise de conscience que nous devons urgemment agir, est sans doute plus faible que dans d'autres pays, en raison de notre bonne santé économique : faible taux de chômage, relativement bonne croissance.

Toutefois, une série de dangers imminents devraient nous pousser à agir, comme le spectre de la déflation ou le poids de la dette dans de nombreux pays comme la Grèce ou l'Italie. Enfin, le danger, le plus important sans doute, est le fait qu'apparaît ce qui est qualifié de « génération perdue », traduisant

119

l'idée que de nombreux jeunes sont voués à des conditions de vie précaires. Cette crise économique peut rapidement se transformer en une radicalisation politique. Nous devons veiller à ce que cela n'arrive pas.

Quel danger y a-t-il pour l'Allemagne à imaginer que le plus gros de la crise est désormais derrière nous ?
Nous avons passé les quatre dernières années à sauver l'euro. En principe, c'est la Banque centrale européenne qui a sauvé l'euro. Ce qui ne veut pas dire que cela a été la meilleure façon de sauver l'euro. Ce qui ne veut pas dire non plus que l'avenir de l'euro est assuré. Nous devons veiller dans les prochaines années à ce que l'euro fonctionne. Nous devons réparer l'euro. Si nous n'arrivons pas à le réparer, les voix qui veulent l'abolir vont se faire plus fortes. Nous ne devons en aucun cas en arriver à cette situation. D'où ce manifeste du Glienicker Gruppe. Il s'agit d'un travail collégial de différents spécialistes sur les moyens de ramener l'euro sur la voie du succès. Nous craignons que se propage la croyance que maintenant que l'euro est sauvé, tout est rentré dans l'ordre.

Au cœur de votre manifeste se trouve le concept d'un nouveau traité pour la zone euro. Quel en serait le contenu ?
Le raisonnement part du débat autour de la fameuse clause des traités européens appelée *« no bail out »* [cette clause, énoncée dans les différents traités européens, prône la discipline budgétaire en interdisant à l'Union européenne et aux États membres d'être responsables des engagements d'un autre État membre, ndla]. La crise a prouvé que les conditions importantes pour la crédibilité de cette mesure du « *no bail out* » n'étaient pas réunies. Afin que la situation actuelle change,

nous avons besoin d'une nouvelle architecture de la zone euro. Celle-ci reposerait sur plusieurs aspects.

D'un point de vue financier, il faut prendre en compte la responsabilité des débiteurs au même niveau que celle des créanciers. En ce qui concerne la dimension sociale, les conditions de vie des citoyens européens doivent être assurées contre les chocs macro-économiques. C'est pourquoi nous proposons entre autres une assurance chômage commune européenne. Ensuite, notre proposition a un aspect juridique, concernant une sécurisation renforcée de l'État de droit, qui est actuellement menacé en cas de crise. Le dernier point concerne le renforcement des biens communs européens qui, eux aussi, sont remis en question dans les contextes de crise. Par là, nous entendons par exemple la politique vis-à-vis des réfugiés, qui est totalement mise à mal actuellement en Europe.

Selon nous, ces aspects fondamentaux touchent tant de domaines qu'ils nécessitent un nouveau traité. Celui-ci prévoirait la mise en place non seulement d'une gouvernance de la zone euro, mais aussi d'un Parlement et d'un budget spécifique à la zone euro. Cela afin d'assurer que les décisions puissent être mises en œuvre.

Cela n'entérinerait-il pas le principe, très contesté, d'une Europe à deux vitesses, avec un gouffre entre les membres de la zone euro et les autres ?

Nous avons déjà aujourd'hui une Europe à deux vitesses et les deux niveaux ne fonctionnent pas correctement, nous courons à la catastrophe pour tous si la situation ne change pas. Pour être plus concret : quand la question se posera aux Anglais de savoir s'ils souhaitent rester dans l'Union européenne, la réponse dépendra très fortement du fait de savoir si l'Union européenne peut se présenter comme un club de vainqueurs ou de perdants. Si nous continuons comme nous le faisons aujourd'hui, nous livrons des arguments tout faits aux adversaires de l'UE en Angleterre. À l'inverse, si les deux vitesses différentes marchent bien, c'est une spirale positive pour tous les pays qui va se mettre en place.

Le concept d'un nouveau traité et d'une nouvelle structure pour la zone euro est-il réaliste ?

Nous avons réfléchi à ce qui serait nécessaire pour solidifier l'avenir de l'euro et de l'Union européenne. Difficile donc de savoir si cela est réaliste pour les prochaines années. Le chemin pour obtenir une nouvelle structure sera long. Sans une étroite et intense collaboration franco-allemande, ces mesures se révéleront très difficiles, voire impossibles. Or, après les élections européennes, les obstacles sont devenus encore plus élevés. La France se trouve désormais dans une phase où elle doit trouver son positionnement ; et elle est, aujourd'hui, occupée à autre chose que la prise de grandes initiatives franco-allemandes.

Mais je souhaite voir la situation sous un autre angle : sans ces nouvelles étapes d'intégration, il est fort possible que la situation à l'intérieur de la zone euro reste mauvaise. Si nous ne faisons rien, nous jouons le jeu des partis nationalistes qui souhaitent un retour aux monnaies nationales. C'est pourquoi nous devons montrer plus d'enthousiasme pour la construction européenne et chercher les solutions constructives pour combler les lacunes de la monnaie commune. Il est important qu'en Allemagne, qu'en France et dans les autres pays européens se développent les discussions sur l'avenir de l'Europe. Il ne suffit pas de se demander ce que sera l'agenda du prochain sommet européen, il faut des visions à long terme pour que l'Europe et la zone euro puissent mieux fonctionner. ■

ES CLUBS ALLEMANDS
CONTINUERONT-ILS À GARDER
LA MAIN SUR LE HAND ?

Vainqueur de la Coupe du monde de football en 2014, l'Allemagne a atteint pour la quatrième fois l'Olympe du ballon rond. Mais s'il y a un sport collectif que l'Allemagne a encore plus influencé, c'est bien le handball. Tout au nord du pays, à Kiel, les habitants soutiennent corps et âme les « Zèbres ». L'équipe de handball de Kiel présente le meilleur palmarès en Bundesliga et l'un des plus fournis en Europe.

Le vent qui souffle dès la sortie de la gare donne le ton : ici, c'est le nord. Le port est à quelques encablures à peine et, bien emmitouflés, les passants profitent de l'air du grand large et admirent les gigantesques paquebots qui attendent leur prochaine destination, certainement vers la Scandinavie, toute proche. Les habitants ici sont des connaisseurs de voiliers. Chaque année a lieu la fameuse « Kieler Woche », une régate de renom.

Ce dimanche-là, cependant, les magasins ont porte close et tout le monde semble se diriger vers la même direction. La grand-messe dominicale a lieu dans la Sparkasse Arena et les apôtres que chacun vient admirer sont les « Zèbres », surnom donné aux joueurs de l'équipe de handball de la ville, le THW Kiel. Ce jour-là, c'est l'équipe de Melsungen qui va devoir affronter non seulement une équipe composée des meilleurs joueurs du monde, mais aussi plus de 10 000 spectateurs dans un chaudron aux couleurs noir et blanc.

LE BAYERN MUNICH DU HANDBALL

Peu importe les résultats de la Nationalmannschaft de football, ici, c'est le handball qui reste la religion. Il faut dire que les « Zèbres » ont un palmarès à faire pâlir plus d'une équipe : le THW Kiel a remporté 19 fois le championnat national allemand, dont 16 fois depuis 1994. En 2007, 2010 et 2012, ils ont même remporté le Saint Graal, la Champions League, c'est-à-dire le tournoi des meilleures équipes européennes.

« Nous sommes souvent nommés le FC Bayern Munich du handball, s'amuse **Nicole Hinrischen**, membre de l'association Zebraspotten des fans de Kiel. Ce n'est pas toujours forcément un compliment.» En 2014, son équipe a de nouveau remporté la Bundesliga et les noir et blanc ont encore atteint la finale de la compétition suprême européenne, battue seulement par l'équipe de Flensburg, la grande rivale et voisine. Les deux villes, qui ont atteint le toit du monde handballistique, se trouvent donc dans la même région du Schleswig-Holstein, séparées seulement de 80 kilomètres. « Le Schleswig-Holstein est complètement une région de handball, explique **Christian Robohm**, porte-parole du THW Kiel. Dans de nombreuses écoles, les enfants jouent au handball plutôt qu'au football. Et la tradition et les succès du THW Kiel contribuent à alimenter cet engouement.»

Cette finale a été un symbole de la mainmise des clubs allemands sur le monde du handball. Paradoxalement, l'équipe nationale allemande, elle, ne fait plus vraiment partie du gratin mondial des nations (7e en 2015), dominé par la France, qui a de nouveau remporté le championnat du monde au début de l'année 2015. Le handball moderne lui-même est né en Allemagne, il y a presque un siècle, en 1917, d'abord en extérieur sur un terrain aux dimensions proches de celui du football. Une discipline déjà dominée par les Allemands qui fera une seule apparition, en plein air, aux Jeux olympiques. Sans surprise, c'est Berlin qui a accueilli cet événement unique lors des Jeux olympiques de 1936, dans un contexte très politisé par l'accession au pouvoir du parti national-socialiste (NSDAP) quelques années auparavant. L'Allemagne a dominé en finale les Autrichiens devant 100 000 spectateurs. Le record de spectateurs pour un match de handball en salle a lui aussi été battu en Allemagne et ce, en 2014 avec plus de 44 000 spectateurs pour un match exceptionnel entre deux autres grosses écuries de la Bundesliga, Rhein-Neckar-Löwen et HSV Hambourg.

« Effectivement, le handball est extrêmement présent en Allemagne, confirme Christian Robohm, mais c'est aussi le cas en Scandinavie, à l'est et au sud-est de l'Europe, comme en Pologne. On peut dire que c'est un sport européen avec des racines allemandes. Étonnamment, il y a quelques exceptions comme l'Angleterre qui n'est pas présente au plus haut niveau, alors que les matchs de handball se sont joués à guichets fermés lors des Jeux olympiques à Londres en 2012. Et de l'autre côté, il y a la présence d'équipes nord-africaines comme la Tunisie ou l'Égypte, et l'arrivée de pays comme le Brésil ou l'Argentine. Il y aurait des marchés à conquérir comme le Japon ou l'Amérique du Nord, mais cela prendra du temps et nous sommes encore très loin derrière le football. »

LE HAND ATTIRE LES FOULES

La comparaison avec le football, une chose que **Sabine Holdorf-Schust**, ancienne responsable du club, a dû mal à supporter. « On ne peut pas comparer le hand au foot, ce serait complètement à côté de la plaque. Si l'on veut essayer de se mesurer à d'autres sports, ce serait plutôt le basket ou le hockey sur glace. »

« Les joueurs de hand et les joueurs de foot sont aussi différents, souligne Christian Robohm. Les handballeurs ont les pieds sur terre. Certes, il y a quelques divas, mais pas dans mon équipe. Ils savent que les supporters sont très importants. Après le match, ils sortent voir les fans, signent des autographes, se laissent photographier. Il y a aussi des différences entre les supporters de foot et ceux de hand. Ici, il n'y a pas de problème de violence, de hooliganisme. Beaucoup viennent en famille et la moyenne d'âge est un peu plus élevée. »

Un point commun cependant : le hand, comme le foot, attire les foules en Allemagne, bien plus qu'en France. Pour comparaison, pour la saison 2013-2014, c'est l'équipe de Nantes qui possédait la meilleure moyenne d'affluence du handball français avec 4 700 spectateurs par match. Un chiffre qui placerait le leader français seulement à la 8e position des affluences allemandes.

Un classement dominé outre-Rhin, sans surprise par l'équipe de Kiel. Celle-ci joue tout simplement à guichets fermés toute la saison. Sur les 10 285 places de la Sparkasse-Arena, 10 000 sont réservées aux abonnés, ce qui transforme la quête de billets pour le simple quidam en un parcours du combattant. Une situation qui a poussé à une répartition des places relativement atypique, comme l'explique **Volker Lorenzen**, le président de l'association de supporters Zebraspotten : « Chaque abonné a droit à une *Stammblatt*, c'est-à-dire un certificat pour la saison suivante. Ces certificats sont très précieux et personne ne veut les céder. Le dicton dit ici que les certificats ne deviennent disponibles que quand quelqu'un meurt sans héritier. Ces *Stammblätter* peuvent se revendre, mais ils sont très prisés, peut-être 800 € en moyenne, et cela peut monter jusqu'à 3 000 €.

Et encore, ce n'est que le prix du certificat, il faut payer l'abonnement ensuite. »

LES STARS AFFLUENT À KIEL

L'assurance de jouer dans une salle comble toute la saison, voilà un argument de poids pour tout handballeur qui se respecte. « Un sportif a envie de jouer dans des stades pleins, décrit Christian Robohm, a envie d'être proche des spectateurs, a envie d'un club qui gagne mais qui fonctionne quand même comme une famille où chacun s'entraide. » Kiel réussit ce pari en accueillant le gratin mondial du handball. Notamment les grands noms du handball français : Jérôme Fernandez, Nicolas Karabatic, Daniel Narcisse ou encore Thierry Omeyer, ces joueurs multititrés avec l'équipe de France ont tous déjà posé leurs valises dans le club du Nord de l'Allemagne. « Pourtant, il est certain que nous ne payons pas les plus hauts salaires, ni d'Europe ni même d'Allemagne. »

Le handball, comme le football, mais aussi le rugby il y a quelques années, a vu une augmentation très rapide des salaires, même si les proportions sont bien différentes. Et le handball n'a pas non plus été à l'abri des affaires. Comme celle qui a touché en France les paris autour d'un match de l'équipe du club de Montpellier, concernant notamment les frères Karabatic.

Le THW Kiel a lui-même vécu une période difficile en se retrouvant au cœur d'une spectaculaire affaire de corruption d'arbitres lors de la finale de la Champions League 2007, déjà contre l'équipe rivale de Flensburg. Une affaire où les dirigeants du THW ont finalement été blanchis en 2012 mais qui a été un vrai coup dur pour l'ensemble du club, à une époque où les adversaires se renforçaient : « Après la victoire de l'équipe nationale d'Allemagne lors du championnat du monde de handball en 2007, certains ont cru qu'il était bon d'investir beaucoup d'argent d'un coup dans des clubs. Nous avons vu arriver des mécènes pour les clubs de Rhein-Neckar-Löwen et de Hambourg. C'est à peu près la même chose en France avec le projet du Paris-Saint-Germain. Cela a créé une spirale des salaires vers le haut et nous n'avons pas vraiment pu suivre. Mais le risque est de voir ces mécènes partir du jour au lendemain. Nous préférons miser sur une palette de nombreux sponsors. Contrairement au football, nos recettes n'explosent pas non plus, nous n'avons pas les mêmes droits télé ou le même marketing qu'au football. Depuis deux ans, on voit que cette évolution des salaires a été stoppée et c'est tant mieux. »

Même un club au sommet de son sport et avec un stade complet comme le THW Kiel doit veiller à ses sous : « Cette année, en Coupe d'Europe, nous sommes dans un groupe où nous jouons contre l'équipe de Brest en Biélorussie, La Rioja en Espagne ou encore Skopje en Macédoine. Ce sont des coûts de transport énormes qui grève un budget comme le nôtre d'à peu près 9,5 millions d'euros. »

Ce jour-là, le THW Kiel et sa palette de stars internationales, dont le Tchèque Filip Jicha, élu meilleur joueur du monde en 2010, ne feront qu'une bouchée de Melsungen, toujours dans l'ambiance surchauffée de la Sparkasse-Arena. L'objectif pour cette saison 2014-2015 ? « Comme chaque année, l'objectif est de tout gagner, s'amuse Christian Robohm, Coupe nationale, Coupe d'Europe et surtout la Bundesliga, sans doute le plus compliqué des titres car cela demande une régularité sur toute l'année. Ici, c'est le minimum que visent nos joueurs. » ■

FAMILLE OU CARRIÈRE, L'IMPOSSIBLE ÉQUATION ALLEMANDE

Le taux de fécondité demeure l'un des problèmes majeurs de la société allemande. Pour les mères allemandes, lier famille et carrière reste toujours un parcours du combattant.

S'il y a un indicateur que la société allemande envie à ses voisins français, c'est bien le taux de fécondité. Depuis des années, l'Allemagne reste cantonnée à un chiffre dramatiquement bas avoisinant les 1,4 enfant par femme, contre 1,99 actuellement en France. Le nombre total de naissances a chuté en 2011 à 663 000, le chiffre le plus bas depuis la Seconde Guerre mondiale. Si ce chiffre a quelque peu remonté jusqu'en 2013 (682 000), le constat est sans appel : depuis 1972, sans exception, il y a chaque année en Allemagne plus de décès que de naissances. L'Allemagne vit un vieillissement accéléré qui aura très rapidement de graves conséquences notamment sur son marché du travail et son système de retraite.

Au cœur du débat : la place de la mère allemande. *La mère allemande*, c'est justement le titre de l'ouvrage publié en 2001 par **Barbara Vinken**, professeur d'études romanes à la prestigieuse université Ludwig Maximilian de Munich. Plus de dix ans après la sortie de ce livre très remarqué, elle explique que le débat sur la place de la mère est toujours l'un des plus discutés dans la société allemande : « Il y a une très longue histoire idéologique de la mère allemande. Elle a été construite notamment avec une personnalité comme la reine Louise de Prusse qui, même en tant que reine, se voulait surtout mère et épouse.

Et qui se subordonnait en tout à son mari. L'État nazi, lui, avait pour but de déstabiliser la cellule familiale, le patriarcat, en faveur d'un lien mère-État, voire mère-Führer. Et de rendre les enfants beaucoup plus libres en favorisant la camaraderie. Aujourd'hui, le postulat allemand, c'est qu'une mère ne peut pas travailler. La raison d'être de la femme allemande, c'est d'être déchirée entre les enfants et la carrière. »

Et plus précisément, une carrière à plein temps. Ainsi, en 2012, 69 % des emplois pour les mères étaient à temps partiel. Contraste saisissant : 95 % des pères au travail occupent un poste à temps plein. « Il y a une espèce de déni absolu du fait que toutes les recherches montrent qu'il y a le plus d'enfants dans les pays où les parents sont le plus émancipés. Moins il y a de différence dans les emplois et dans les salaires entre hommes et femmes, plus il est possible d'avoir des enfants et en même temps d'avoir une carrière avec un travail à plein temps. Et comme l'idéologie allemande est basée sur une hypothèse contraire, quand on explique cela au public allemand, il y a un rejet. »

Grande connaisseuse de la France, Barbara Vinken constate volontiers qu'il s'agit là de l'un des débats où les cultures des deux pays sont encore très éloignées : « En Allemagne, contrairement à la France, il y a un conflit très violent des visions de la place de la femme. Dès que vous faites un pas pour progresser dans une direction, il y a tout de suite des groupes pour se mobiliser pour le retour de la mère au foyer. Le problème de la politique familiale allemande, c'est que ses objectifs ne sont pas clairs. On dépense dans tous les sens. »

Une des dernières grandes réformes en date : la multiplication du nombre de places en crèches voulue par le précédent gouvernement d'Angela Merkel. Mais cette mesure a été accompagnée de la très controversée « prime aux fourneaux », versée aux parents qui gardaient leurs enfants en bas âge à la maison. « La politique a déjà commencé à essayer de changer. La personnalité d'Ursula von der Leyen – actuellement ministre de la Défense et mère de sept enfants – fut par exemple une révolution politique, donc il faut espérer. Mais comme toutes les mentalités, elles ne vont pas évoluer du jour au lendemain. »

LA GLOIRE DE NOS PÈRES

Dans ce débat sur la répartition des rôles dans la société, quelle place accorder désormais aux pères ? En effet, la presse allemande se penche également régulièrement sur ces nouveaux pères allemands, qui auraient perdu leurs repères dans l'évolution actuelle de la société. « En Allemagne, on débat depuis Luther pour savoir qui va changer les couches de l'enfant. Le débat actuel est complètement ridicule, car tout le monde sait que, si l'on dit que c'est au tour du père de prendre tout cela en charge, cela ne va jamais marcher. Peut-être pourrait-on surtout se demander quel rôle pourrait jouer une tierce personne, en dehors du père et de la mère. Évidemment que les pères sont au cœur du débat, c'est à eux de s'engager. Nous vivons à l'heure actuelle toujours dans un pays patriarcal où les hommes dominent quasiment tout le marché. Donc ils ne sont pas vraiment à plaindre. »

Nils Pickert, journaliste, spécialiste de la question d'égalité entre les sexes, s'intéresse lui aussi beaucoup à la place du père et à son rôle dans la société. Il déplore également ce déséquilibre toujours présent dans la réalité du pays : « Même pour les couples où les partenaires ont le même niveau d'études et une sensibilité à la question de l'égalité entre les sexes, ces principes sont oubliés au moment de l'arrivée de l'enfant. Y compris dans ces cas, la mère s'occupera davantage des tâches ménagères, de l'enfant, et travaillera peut-être à mi-temps. Pendant ce temps, le père continue de travailler, à rencontrer ses amis et à expliquer comment toute sa vie a changé depuis qu'il a eu un enfant. »

Un constat confirmé par les chiffres de l'Office statistique allemand. En Allemagne, les parents de nouveau-nés ont la possibilité de se partager le congé parental. Si un seul des parents prend ce congé, celui-ci s'élève à douze mois ; si les deux se mettent en congé, la durée s'étend à deux mois supplémentaires. Les parents ont alors quatorze mois de congé parental à se partager. Les statistiques officielles de 2013 montrent que de plus en plus de pères (27,3 %) prennent un congé parental. Toutes les mères ou presque (95 %) font de même. Cependant, plus de trois quarts des pères (77 %) se contentent du minimum offert par la loi, à savoir deux mois seulement. Seuls 7 % d'entre eux prennent en charge la durée maximum, c'est-à-dire douze mois.

« J'ai un ami qui a annoncé à sa chef qu'il souhaitait prendre un congé parental. Elle lui a répondu que cela n'était pas souhaitable. Le fait que l'on puisse prendre ce congé, je dirais même que l'on doive prendre ce congé, n'est pas encore bien ancré dans notre société. Les hommes ont l'impression qu'ils finiront avec un désavantage pour leur carrière. Quand les circonstances idéales ne sont pas réunies, quand la situation professionnelle est instable, beaucoup de couples reviennent au modèle traditionnel : papa travaille, maman s'occupe de l'enfant. Comme l'ont fait nos parents et avant eux nos grands-parents. »

ENFANTS ? JAMAIS LE BON MOMENT

Nils Pickert remet lui aussi en cause la politique de la famille allemande : « L'Allemagne soutient de manière très curieuse les parents. L'État donne simplement de l'argent en pensant que cela va fonctionner. Il ferait mieux d'offrir plus de places gratuites en *Kindergarten* (ndla : les crèches). À mon avis, l'État donne de l'argent pour la simple et bonne raison qu'il ne sait pas quoi faire d'autre. »

En réalité, les couples n'ont pas le sentiment d'être complètement soutenus : « Même si la situation s'est améliorée, j'ai toujours l'impression qu'on ne facilite pas la vie des jeunes – et notamment des étudiants – qui souhaitent avoir un enfant. Il faudrait plutôt attendre d'avoir un emploi avant d'avoir un enfant. Puis cet emploi est relativement instable. Qui de nos jours, surtout à Berlin, a un contrat à durée indéterminée ? Reste donc la question : quand est-ce le bon moment pour avoir un enfant ? Apparemment, ce n'est jamais le bon moment. Soit on est trop jeune, soit on est trop occupé. Soit ce n'est pas le bon partenaire, soit cela ne convient pas avec la situation professionnelle. »

Cependant, Nils Pickert insiste régulièrement pour pointer les évolutions actuelles de la société : « Quand on parle du modèle familial allemand, il faut souligner les distinctions importantes entre les différentes régions d'Allemagne. Celles-ci sont dues à des traditions, notamment religieuses, différentes entre le nord et le sud de l'Allemagne. Les Länder de l'est ont également connu une politique familiale différente sous la RDA. Aujourd'hui donc, certes on retrouve dans le sud de l'Allemagne une répartition des tâches entre mères et pères qui est restée très traditionnelle. Mais à Berlin et dans la plupart des grandes zones urbaines, se développent de nombreuses solutions qui permettent de mieux concilier famille et carrière. De manière générale, je plaiderais effectivement pour que les hommes prennent plus leurs responsabilités. Mais il faut aussi que l'ensemble de la société évolue pour permettre ce changement. » ∎

« LE REGARD DE L'INTÉRIEUR »

Par **Étienne François**, professeur d'histoire aux universités de Nancy, Göttingen, Paris et Berlin. Ses travaux portent sur l'histoire allemande et les mémoires collectives. Il a créé en 1992 à Berlin le Centre Marc Bloch, centre franco-allemand de recherches en sciences sociales, dont il a été le premier directeur jusqu'en 1999.

En choisissant de construire son livre comme une suite de rencontres avec des personnes toutes singulières et en lui donnant pour titre « Les Allemands » et non « L'Allemagne », Sébastien Vannier rend le plus grand service à ses lecteurs. Lorsqu'on s'intéresse à un pays étranger, on est en effet toujours tenté, au moins dans un premier temps, d'en parler au singulier, de le considérer comme faisant un tout et de le mesurer à l'aune du pays auquel on appartient.

Or, cette réduction à l'unité, pour utile qu'elle puisse parfois être, n'en reste pas moins limitée et limitative, ne serait-ce que dans la mesure où elle est celle du regard de l'extérieur. Tout change, en revanche, lorsque, quittant ce point de vue, on choisit de donner la priorité au regard de l'intérieur et qu'on part à la rencontre, en se mettant à leur écoute, des personnes qui font la réalité d'un pays et qui lui donnent vie.

Un tel changement de perspective ne s'improvise pas ; pour devenir effectif, il suppose que l'on renonce à ses préjugés et mette entre parenthèses ce que l'on croit savoir, qu'on se familiarise avec l'histoire et la culture du pays qu'on veut connaître, qu'on parle la langue de ceux que l'on rencontre et qu'on les aborde en confiance, en partant de l'idée que ce sont eux, dans leur originalité et leur diversité, qui ont quelque chose à nous apporter et à nous apprendre, et non l'inverse. Mais si l'investissement préalable à faire n'est pas mince, les bénéfices qu'on en retire ensuite sont sans commune mesure, car seul le regard de l'intérieur permet de dépasser les apparences et d'accéder à la réalité des choses.

Indispensable quel que soit le pays auquel on s'intéresse, ce regard de l'intérieur s'impose encore plus dans le cas de l'Allemagne, non seulement en raison de sa taille (avec un peu plus de 80 millions d'habitants, elle est le pays le plus peuplé de l'Europe), mais plus encore en raison du fait qu'elle est un pays dont la diversité interne est une réalité structurelle de première importance. Héritage d'une histoire très ancienne, et revitalisé par la réunification et sa réussite, le fédéralisme en est l'expression la plus visible.

S'il est vrai que les Länder ont été redessinés après la Seconde Guerre mondiale pour faire en sorte qu'aucun ne l'emporte sur les autres (comme cela avait été le cas pour la Prusse dans l'Allemagne de 1871 à 1933), ils n'en constituent pas moins des réalités qui remontent au Moyen Âge et sont de ce fait antérieurs de plusieurs siècles à la formation de l'État national allemand, au sens moderne du terme. Forts de leur identité propre, riches d'un passé pluriséculaire, ils sont tous très différents les uns des autres et détiennent dans l'architecture de l'Allemagne des compétences et une autonomie qui vont bien au-delà de ce qui commence à se dessiner en France avec la régionalisation.

En matière politique et administrative, les Länder l'emportent sur le Bund, c'est-à-dire sur l'échelon fédéral, dans la mesure où les compétences de la Fédération sont autant de pouvoirs qui lui ont été délégués par les États membres. Les différences régionales sont encore plus marquées dans le domaine de la culture ou de l'éducation, et même si Berlin est redevenue capitale depuis 1991, son poids relatif n'a rien à voir avec celui de Paris : elle dépend pour sa survie des subventions qu'elle reçoit des Länder les plus riches et dans bien des domaines, Hambourg, Francfort, Munich ou Düsseldorf continuent de l'emporter sur elle.

Un autre élément constitutif de la diversité allemande tient au fait qu'après avoir été pendant deux siècles un pays d'émigration, l'Allemagne d'aujourd'hui est devenue un pays d'immigration dont l'attractivité n'a cessé de se renforcer au cours des dernières années. Depuis la modification des conditions d'accès à la citoyenneté votée au début du siècle, 120 000 à 130 000 personnes acquièrent chaque année la nationalité allemande, et pour la seule année 2013 on estime que 430 000 nouveaux habitants sont venus s'installer de manière durable en Allemagne.

Soit une forme d'ouverture au monde qui va bien au-delà de l'acceptation de la mondialisation et de la forte présence allemande sur les marchés mondiaux : en témoignent aussi bien la pratique répandue des langues étrangères que l'absence de nationalisme du nouveau patriotisme allemand ou encore l'accueil réservé par l'Allemagne aux 200 000 réfugiés et aux demandeurs d'asile qui ont rejoint son sol en 2014. Fière à juste titre de sa démocratie exemplaire et de ses prouesses économiques, l'Allemagne est en effet un pays dont les valeurs et la culture politique s'enracinent dans un regard critique et exigeant porté sur son passé et une condamnation sans appel des crimes commis en son nom.

Est-ce à dire que l'Allemagne d'aujourd'hui est un modèle à l'école duquel il serait indispensable de se mettre ? Illusoire, dans la mesure où elle revient à ne pas tenir compte des spécificités constitutives de chaque pays, une telle attitude qu'aucune des personnes rencontrées par Sébastien Vannier d'ailleurs ne réclame, s'impose d'autant moins qu'elle ferait fi des faiblesses évoquées avec lucidité par les uns et les autres – qu'il s'agisse du renforcement des inégalités et de la montée de la précarité, de la crainte du risque et du besoin éperdu de sécurité d'une société vieillissante (qui pourra comprendre qu'un pays aussi riche et ayant aussi peu d'enfants accepte qu'un enfant sur six grandisse dans une famille vivant sous le seuil de la pauvreté ?), ou encore de l'hésitation à assumer tant à l'échelle européenne qu'à l'échelle mondiale les responsabilités découlant d'une position dominante.

Partir à la découverte de l'Allemagne et à la rencontre de ses habitants est une aventure passionnante qui à chaque étape en fait mieux saisir la diversité et la vitalité. Mais plus on avance, plus on constate également que les défis auxquels sont confrontés les Allemands d'aujourd'hui comme les difficultés qu'ils éprouvent à définir un vrai projet d'avenir ressemblent singulièrement à ce que l'on constate chez leurs voisins les plus proches, c'est-à-dire les Français. Comment mieux dire que la recherche de réponses aux défis du présent et la formulation d'une vision d'avenir porteuse d'espoir ne peut se faire qu'ensemble, entre Européens et à l'échelle de notre continent ? ■

NNEXES

TOP 10 DES PLUS GRANDES VILLES D'ALLEMAGNE EN 2012

1. Berlin — 3 375 222
2. Hambourg : — 1 734 272
3. Munich : — 1 388 308
4. Cologne : — 1 024 373
5. Francfort/Main : — 687 939
6. Stuttgart : — 597 087
7. Düsseldorf : — 593 682
8. Dortmund : — 572 087
9. Essen : — 566 862
10. Bremen : — 546 451

**MAIS AUSSI,
LES VILLES CITÉES
DANS CET OUVRAGE :**

Dresden : — 525 105
Leipzig : — 520 838
Kiel : — 239 866
Künzelsau : — 14 709
Eichstätt : — 13 146

*Statistiques au 31 décembre 2012, publiées
dans le Statistisches Jahrbuch 2014 par le
Statistisches Bundesamt, Statistisches Landesamt
Baden-Württemberg, Landkreis Eichstätt.*

TOP 10 DES PAYS D'ORIGINE DES PERSONNES ÉTRANGÈRES ARRIVÉES EN ALLEMAGNE EN 2013

1. Pologne — 197 009
2. Roumanie — 135 416
3. Italie — 60 651
4. Bulgarie — 59 323
5. Hongrie — 58 993
6. Espagne — 44 119

7. Grèce — 34 728
8. Russie — 33 233
9. États-Unis — 31 418
10. Serbie — 28 093

Source : Statistisches Bundesamt.

TOP 10 DES PAYS DE DESTINATIONS DES ALLEMANDS ÉMIGRÉS EN 2013

1. Suisse — 21 435
2. États-Unis — 13 532
3. Autriche — 11 222
4. Royaume-Uni — 8 155
5. Pologne — 6 616
6. France — 6 327
7. Turquie — 6 162
8. Espagne — 5 975
9. Australie — 3 319
10. Pays-Bas — 3 193

Source : Statistisches Bundesamt.

LES 10 PRINCIPAUX PARTENAIRES COMMERCIAUX DE L'ALLEMAGNE EN 2013 (en milliards d'euros)

Exportations		Importations	
1. France	100	1. Pays-Bas	89
2. États-Unis	88	2. Chine	73
3. Royaume-Uni	76	3. France	64
4. Pays-Bas	71	4. États-Unis	49
5. Chine	67	5. Italie	48
6. Autriche	56	6. Royaume-Uni	42
7. Italie	53	7. Russie	40

8.	Suisse	47	8.	Belgique	39
9.	Pologne	42	9.	Suisse	38
10.	Belgique	42	10.	Autriche	37

Source : Statistisches Jahrbuch 2014 par le Statistisches Bundesamt.

LES 10 PLUS GRANDS AÉROPORTS EN ALLEMAGNE EN 2013
(en milliers de passagers au départ)

1.	Francfort/Main	28 839
2.	Munich	19 240
3.	Düsseldorf	10 565
4.	Berlin-Tegel	9 770
5.	Hambourg	6 720
6.	Stuttgart	4 789
7.	Cologne/Bonn	4 526
8.	Berlin-Schönefeld	3 349
9.	Hanovre	2 596
10.	Nuremberg	1 650

Source : Statistisches Jahrbuch 2014 par le Statistisches Bundesamt.

TOP 10 DES SPORTS LES PLUS PRATIQUÉS EN ALLEMAGNE EN 2013
(membres passifs et actifs)

1.	Football	6 882 233
2.	Gymnastique	5 008 966
3.	Tennis	1 472 197
4.	Tir	1 372 418
5.	Club alpin	965 615
6.	Athlétisme	853 076
7.	Handball	803 373

8.	Clubs de pêche	787 431
9.	Équitation	708 890
10.	Handisport	650 986

Source : Deutscher Olympischer Sportbund, statistiques présentées dans le Statistisches Jahrbuch 2014.

LES 10 DERNIÈRES FINALES DE LA LIGUE EUROPÉENNE DES CHAMPIONS DE HANDBALL

2013/2014 : SG Flensburg-Handewitt (ALL) b. **THW Kiel (ALL)**

2012/2013 : HSV Hamburg (ALL) b. FC Barcelona Intersport (ESP)

2011/2012 : **THW Kiel (ALL)** b. BM Atletico Madrid (ESP)

2010/2011 : FC Barcelona Borges (ESP) b. Renovalia Ciudad Real (ESP)

2009/2010 : **THW Kiel (ALL)** b. FC Barcelona Borges (ESP)

2008/2009 : BM Ciudad Real (ESP) b. **THW Kiel (ALL)**

2007/2008 : BM Ciudad Real (ESP) b. **THW Kiel (ALL)**

2006/2007 : **THW Kiel (ALL)** b. SG Flensburg-Handewitt (ALL)

2005/2006 : BM Ciudad Real (ESP) b. Portland San Antonio (ESP)

2004/2005 : FC Barcelona Cifec (ESP) b. BM Ciudad Real (ESP)

Source : site Internet de l'EHF Champions League.

LES 10 FILMS ALLEMANDS LES PLUS VUS AU CINÉMA DEPUIS 1968 (en millions de spectateurs en Allemagne)

1. *Der Schuh des Manitu*	Michael Herbig	2001	11,7
2. *(T)raumschiff Surprise Periode 1*	Michael Herbig	2004	9,2
3. *Otto – Der Film*	Xaver Schwarzenberger	1985	8,8
4. *Fack Ju Göthe!*	Bora Dagtekin	2013	7,3
5. *Schulmädchen-Report*	Ernst Hofbauer	1970	7
6. *7 Zwerge*	Swen Unterwaldt	2004	6,8
7. *Good Bye Lenin!*	Wolfgang Becker	2003	6,6
8. *Der Bewegte Mann*	Sönke Wortmann	1994	6,6
9. *Zur Sache, Schätzchen*	May Spils	1968	6,5
10. *Otto – Der neue Film*	Xaver Schwarzenberger	1987	6,5

Source : InsideKino.

LES 10 DERNIERS VAINQUEURS DU CHAMPIONNAT GERMANOPHONE DE *POETRY SLAM*

2014 : Lars Ruppel
2013 : Jan-Philipp Zymny
2012 : Pierre Jarawan
2011 : Nektarios Vlachopoulos
2010 : Patrick Salmen
2009 : Philipp Scharrenberg
2008 : Sebastian23
2007 : Marc-Uwe Kling
2006 : Marc-Uwe Kling
2005 : Volker Strübing

Source : Programme Slam 2014 Dresden (livelyrix e.V.).

TOP 10 DES PRÉNOMS DONNÉS AUX NOUVEAU-NÉS EN ALLEMAGNE EN 2013

	Filles	Garçons
1.	Sophie/Sofie	Maximilian
2.	Marie	Alexander
3.	Sophia/Sofia	Paul
4.	Maria	Luca/Luka
5.	Mia	Ben
6.	Emma	Luis/Louis
7.	Hannah/Hanna	Elias
8.	Anna	Leon
9.	Emilia	Lukas/Lucas
10.	Johanna	Noah

Source : Gesellschaft für deutsche Sprache, Statistisches Jahrbuch 2014 par le Statistisches Bundesamt.

Achevé d'imprimer par Corlet
14110 Condé-sur-Noireau
N° d'imprimeur : 172140
Imprimé en France